현지에서 바로 먹히는
나의 첫 **여행 일본어**
JAPANESE

교재기획팀·배경아 지음

동양북스

초판 6쇄 | 2023년 7월 1일

지은이 | 교재기획팀 · 배경아
발행인 | 김태웅
편집 주간 | 박지호
책임 편집 | 길혜진, 이선민
디자인 | 원더랜드(Wonderland)
마케팅 | 나재승
제 작 | 현대순

발행처 | (주)동양북스
등 록 | 제 2014-000055호(2014년 2월 7일)
주 소 | 서울시 마포구 동교로22길 14(04030)
구입문의 | 전화 (02)337-1737 팩스 (02)334-6624
내용문의 | 전화 (02)337-1763 dybooks2@gmail.com

http://www.dongyangbooks.com

ISBN 979-11-5768-405-2 13730

ⓒ 2018, 동양북스

▶ 본 책은 저작권법에 의해 보호를 받는 저작물이므로 무단 전재와 복제를 금합니다.
▶ 잘못된 책은 구입처에서 교환해드립니다.

이 도서의 국립중앙도서관 출판예정도서목록(CIP)은 서지정보유통지원시스템 홈페이지(http://seoji.nl.go.kr)와
국가자료공동목록시스템(http://www.nl.go.kr/kolisnet)에서 이용하실 수 있습니다.
(CIP제어번호:CIP2018017582)

旅は人を謙虚にします。
なぜなら、自分がこの世界でどれだけ
ちっぽけな存在であるかを教えてくれるからです。
여행은 인간을 겸손하게 만들어요. 자신이 이 세상에서 얼마나
보잘것없는지를 깨닫게 하거든요.

この世は一冊の美しい本のようなもの。
しかしそれを読む術がなければ、無用の長物にすぎません。
이 세상은 한 권의 아름다운 책같은 거지요.
하지만 그것을 읽지 못하는 사람에게는 아무짝에도 쓸모가 없죠.

旅の本当の目的は、新しい風景を見ることではなく、
新たな視点を身につけることにあります。
여행의 진정한 목적은 새로운 경치를 보는 게 아니라
새로운 시각을 갖는 데 있어요.

때로는 독서보다 여행이 필요할 때가 있습니다.

여행은 세상 사람들과의 소통을 시켜주는

또 다른 통로이기 때문입니다.

여행을 하기 위해서는 안내자가 필요한데,

이 책이 그 역할을 충분히 할 것입니다.

이 책은 현지인과 의사소통을 위한

좋은 길잡이가 될 것입니다.

: 차례 :

Part 1
여행 생존 단어 & 패턴

10
여행 가서 살아남는 생존 단어

18
여행 가기 전에 알면 좋은 생존 패턴

Part 2 기내에서

30
자리 찾기

32
기내 용품 요청하기

34
음료 서비스 요청하기

36
식사 서비스 요청하기

38
면세품 주문하기

CULTURE OF JAPAN 40
계절별 추천 여행지

Part 3 일본 공항에서

44
입국 심사 받기

46
수하물 찾기

48
세관 검사 받기

50
환전 서비스 이용하기

52
공항 안내소에 문의하기

CULTURE OF JAPAN 54
일본의 계절별 음식

Part 4 교통수단

58
지하철 이용하기

60
버스 이용하기

62
택시 이용하기

64
기차 이용하기

CULTURE OF JAPAN 66
일본 영화 속 그 장소

Part 5 숙소에서

70
체크인 하기1

72
체크인 하기2

74
호텔 서비스 이용하기

76
문제 해결하기

78
체크아웃 하기

CULTURE OF JAPAN 80
간략한 숙소 정보

Part 6 거리에서

84
길 물어보기

86
길을 잃어버렸을 때

CULTURE OF JAPAN 88
일본 간식거리 추천

Part 7 식당에서

92
자리 문의하기

94
주문하기

96
문제 해결하기

98
계산하기

100
패스트푸드 주문하기

102
카페에서 주문하기

104
술집에서 주문하기

CULTURE OF JAPAN 106
일본 메뉴판 첫걸음

Part 8 관광할 때

110
관광 안내소에 문의하기

112
관광 명소 구경하기

114
사진 찍기

116
공연 관람하기

118
온천 이용하기

CULTURE OF JAPAN 120
일본의 볼거리 즐기기

Part 9 쇼핑할 때

124
쇼핑 관련 질문하기

126
옷 구매하기

128
신발 구매하기

130
슈퍼마켓에서

132
계산하기

134
교환 및 환불하기

CULTURE OF JAPAN 136
일본 슈퍼마켓에서는
뭘 살까?

Part 10 긴급 상황에서

140
분실 및 도난 사고 당했을 때

142
아프거나 다쳤을 때

144
교통사고 났을 때

CULTURE OF JAPAN 146
일본 프랜차이즈
커피 & 차(茶) 전문점

Part 11 귀국할 때

150
항공권 예약하기

152
항공권 예약 변경하기

154
탑승 수속하기(체크인)

156
탑승 지연 및 비행기를 놓쳤을 때

CULTURE OF JAPAN 158
일본 프랜차이즈 음식점

Part 12 기본 표현

162_ 인사하기

164_ 자기소개 하기

166_ 숫자 및 날짜

168_ 일본 화폐 및 시간

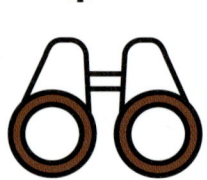

: 이 책의 구성 및 특징 :

『나의 첫 여행 일본어』는 일본을 여행할 때 바로 쓸 수 있는 표현을 엄선하여 기내에서, 공항에서, 호텔에서, 일본 현지에서 장소에 맞는 대화를 할 수 있게 구성하였습니다. 일본어를 잘 몰라도 말을 할 수 있게 한국어 발음도 함께 표기하였습니다.

※ 표기법 – 책에 나오는 외국어 인명, 음식명, 지명의 한글 표기는 '외래어 표기법'을 기준으로 하되, 대중적인 명칭과 독음을 혼용하여 표기를 허용했습니다.

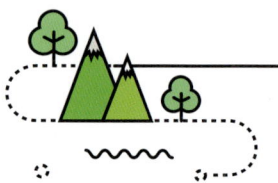

★ **생존 단어**
장소별로 가장 많이 접할 수 있는 단어만 모아 사진으로 보기 좋게 정리하였습니다.

★ **생존 패턴 10**
'~은 어디예요?', '~을 주세요' 등 현지에서 꼭 필요한 패턴 10개를 뽑아 정리하였습니다.

★ **여행 가서 바로 쓰는 문장**
내가 가서 할 말과 예측 가능한 상대방의 말도 정리해 넣었습니다.

★ **핵심 표현**
현지에서 가장 많이 쓰는 핵심 표현을 넣었습니다. 원활한 의사소통을 위해 이 표현은 꼭 알고 가세요!

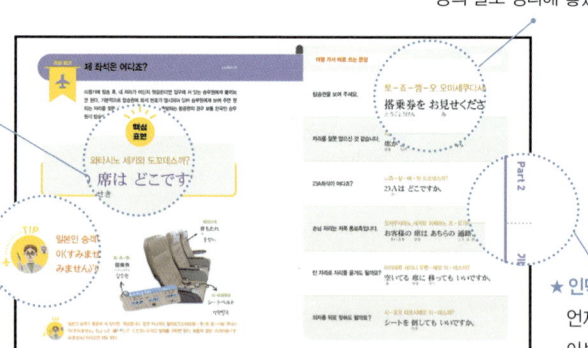

★ **인덱스**
언제 어디서든 찾아보기 쉽게 인덱스 표시를 넣었습니다.

★ **Tip**
상황에 따라 필요한 단어나 여행 전 알고 가면 좋은 유익한 정보를 Tip으로 정리하였습니다.

★ CULTURE OF JAPAN
일본에 가서 무엇을 먹을지, 어디에 머물면 좋을지, 무엇을 사면 좋을지에 대한 다양한 주제로 내용을 구성하였습니다.

『나의 첫 여행 일본어』 부록

1. 무료 MP3 파일 제공!
   - 스마트폰 : 스마트폰으로 QR 코드를 스캔하면, 다운로드하지 않고 음성을 바로 들을 수 있습니다.
   - PC : 동양북스 홈페이지(www.dongyangbooks.com)에서 별도의 회원 가입 없이 무료로 다운로드할 수 있습니다.

2. '나의 여행 메이트 (핸드북)' 제공!
   여행 갈 때, 가볍게 챙겨 갈 수 있는 핸드북입니다. 현지에서 바로 사용할 수 있게 생존 표현 20문장을 넣었습니다. 부록에 들어가는 생존 표현에는 다른 여행객들과의 소통을 위한 영어 표현도 함께 표기하였습니다. 생존 표현 이외에도 '입국 심사서 작성법', '데일리 스케줄 표' 등을 넣어 여행에 필요한 메모를 할 수 있게 구성하였습니다.

  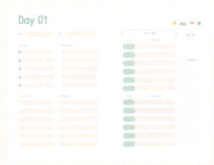

: 간략한 국가 정보 :

JAPAN
일본(日本)

행정구역
도도부현(都道府県)으로 나뉘며, 1도(都), 1도(道), 2부(府), 43현(県)이 있다.
이는 편의상 홋카이도(北海道), 도호쿠(東北), 간토(関東), 주부(中部), 긴키(近畿), 주고쿠(中国), 시코쿠(四国),
규슈(九州)·오키나와(沖縄)의 8개 지방으로 다시 구분된다.

면적
약 378,000㎢

수도
도쿄(東京)

인구
약 1억 2,640만 명

0   100 million   200 million

기후
일본 열도는 주로 습기가 높은 온대에 속하지만 남북으로 긴 지형 때문에 아열대에서 아한대 기후까지 다양한 기후 지역으로 분포되어 있다.

공식 언어
일본어를 사용하며 문자는 일본 문자인 히라가나(ひらがな)와 가타카나(カタカナ) 그리고 한자(漢字)를 함께 사용한다.

화폐
엔화(円貨)

비자&여권
일본은 비자 없이 90일까지 체류가 가능하다. 따라서 여권만 있으면 언제든 일본 여행이 가능하다. 다만, 여권의 유효 기간이 3개월 이상 남아 있어야 한다.

전압
220V를 쓰는 우리와 달리 110V를 사용한다.

전화
일본 국가번호 +81
※ 일본 현지에서 현지로 전화할 때는 국가번호는 입력하지 않는다.

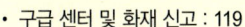
긴급 연락처
- 범죄 및 교통 사고 신고 : 110
- 구급 센터 및 화재 신고 : 119
- 전화번호 문의 : 104
- 해상 사고 신고 : 118
- 일기 예보 : 177

※ 각 번호는 지역번호 없이 그대로 누르면 된다.

팁 문화
일본에서는 일반적으로 팁을 주지 않아도 상관없다.

Part 1

여행 가서 살아남는
생존 단어

여행 가기 전에 알면 좋은
생존 패턴 10

기내에서

■ 을(를) 주세요.   ■ 을 くだ사이.
　　　　　　　　　오　쿠다사이.
■ を ください。

MP3-01

오미즈
お水
みず

생수(물)

코-라
コーラ
콜라

사이다-
サイダー

사이다

쥬-스
ジュース
주스

팃슈
ティッシュ
티슈

보-루뻰-
ボールペン
볼펜

잣-시
雑誌
ざっし
잡지

심-붕-
新聞
しんぶん
신문

큐-메-도-이
救命胴衣
きゅうめいどうい
구명조끼

입국 심사대에서 　■ (하)러 왔습니다.　　■ 키마시따.
来ました。
き

MP3-02

시고또데
仕事で
しごと

비즈니스로

캉-꼬-데
観光で
かんこう

관광차(관광하러)

벵-꾜-시니
勉強しに
べんきょう

공부하러

토모다찌니 아이니
友達に 会いに
ともだち　　あ

친구를 만나러

신-세끼니 아이니
親戚に 会いに
しんせき　　あ

친척을 만나러

류-가꾸시니
留学しに
りゅうがく

유학 목적으로

Part 1

숙소에서 방 안에 ▮ 있어요? 部屋に ▮ ありますか。
へや

MP3-03

토께ー
時計
とけい
시계

카미소리
かみそり
면도기

레ー조ー꼬
冷蔵庫
れいぞうこ
냉장고

마도
窓
まど
창문

타오루
タオル
타올

바루꼬니ー
バルコニー
발코니

토이레・오떼아라이
トイレ・お手洗い
てあら
화장실

요쿠소ー・바스타부
浴槽・バスタブ
よくそう
욕조

거리에서

이 근처에 ▢ 있나요? この辺に ▢ は ありますか。
　　　　　　　　　　　　へん
고노 헨-니　　　와 아리마스까?

MP3-04

에-띠-에무
ATM
エーティーエム

ATM기

스-빠-
スーパー

슈퍼마켓

이자카야
居酒屋
い ざ か や

술집

쿠스리야
薬屋
くすり や

약국

콤-비니
コンビニ

편의점

데빠-또
デパート

백화점

Part 1 상황 단어

상점에서 ▢을 사고 싶은데요.　　オ　가이따인-데스가.
▢を 買いたいんですが。
　　　か

MP3-06

이야링-구·피아스
イヤリング・ピアス
귀고리

유비와
指輪
ゆびわ
반지

우데도께-
腕時計
うで どけい
손목시계

진-즈
ジーンズ
청바지

티-샤츠
Tシャツ
ティー
티셔츠

카사
傘
かさ
우산

케쇼-힝-
化粧品
け しょうひん
화장품

타바꼬
タバコ
담배

라이따-
ライター
라이터

보-시
帽子
ぼう し
모자

스니-까·운-도-구쯔
スニーカー・運動靴
うんどうぐつ
운동화

Part 1　실물 단어

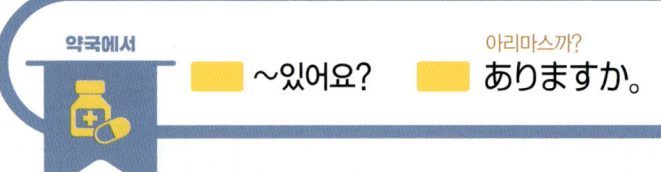

약국에서 ～있어요? ありますか。

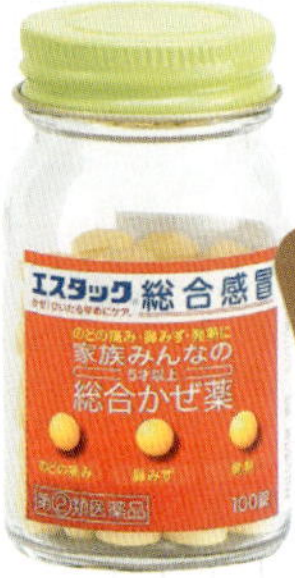

카제구스리
風邪薬
かぜぐすり
감기약

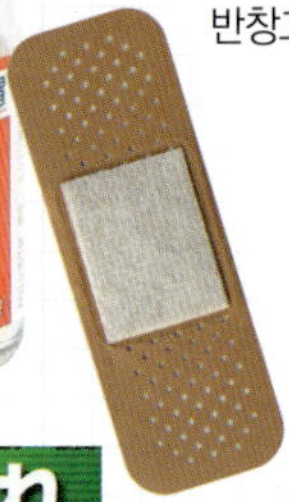

반―도에―도
バンドエイド
반창고

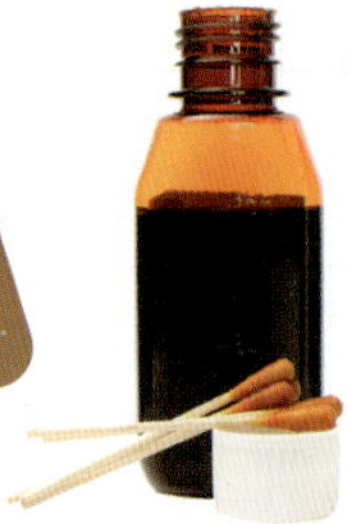

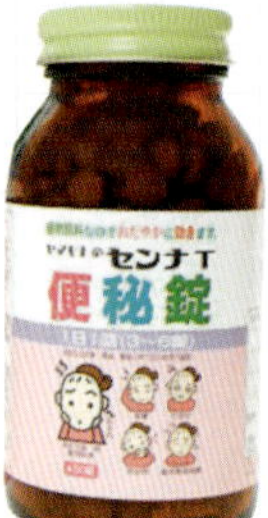

벰―삐야꾸
便秘薬
べんぴやく
변비약

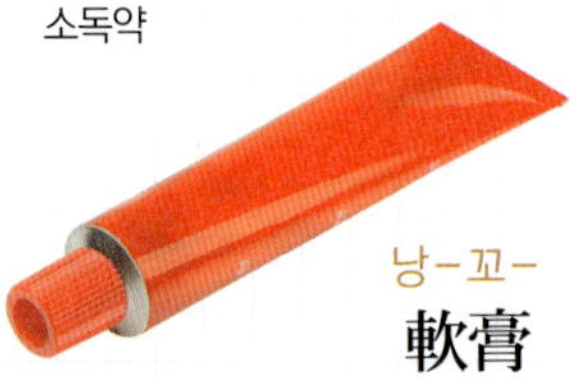

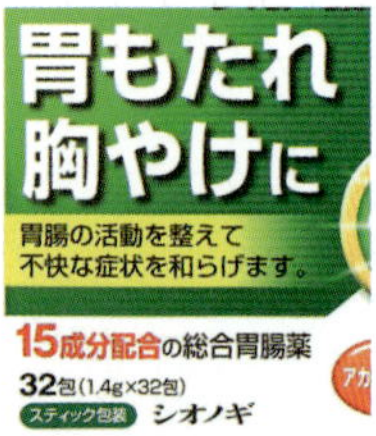

이구스리
胃薬
いぐすり
소화제

쇼―도꾸에끼
消毒液
しょうどくえき
소독약

낭―꼬―
軟膏
なんこう
연고

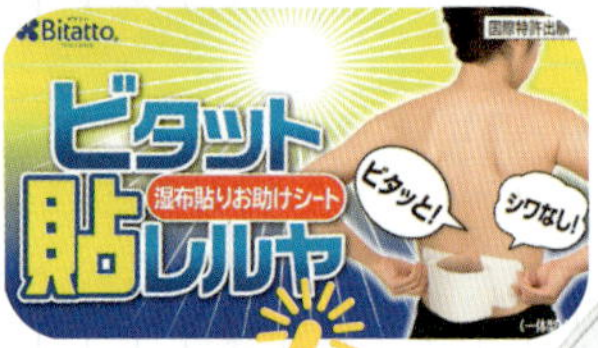

십―뿌
湿布
しっぷ
파스

게네쯔자이
解熱剤
げねつざい
해열제

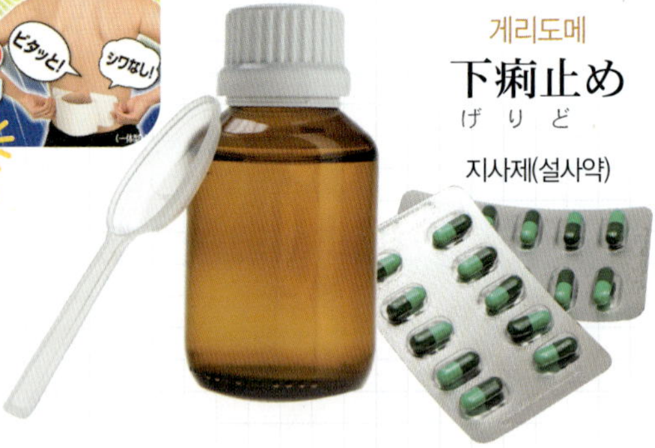

게리도메
下痢止め
げりど
지사제(설사약)

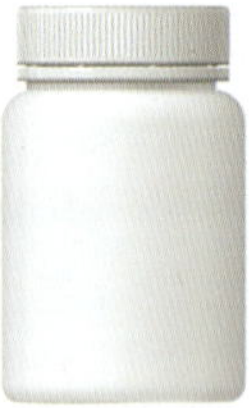

이따미도메
痛み止め
いたど
진통제

병원에서

☐ 이(가) 아파요.　　☐ が 痛いです。
　　　　　　　　　　　가　이따이데스

MP3-08

메 目 め / 눈

아따마 頭 あたま / 머리

오나까 お腹 なか / 배

이 胃 い / 위

하 歯 は / 치아

코시 腰 こし / 허리

노도 喉 のど / 목

코꼬 ここ / 여기

여행 생존 패턴 01

~은 어디예요?   ～は どこですか。 ~와 도꼬데스까?

| 화장실은 어디예요? | 토이레와 도꼬데스까?
トイレは どこですか。 |

| 지하철 역은 어디예요? | 치까테쯔노 에키와 도꼬데스까?
地下鉄の 駅は どこですか。
_{ちかてつ　 えき} |

| 여기서 가장 가까운 버스 정류장은 어디예요? | 코꼬까라 이찌방- 치까이 바스떼-와 도꼬데스까?
ここから 一番近いバス停は どこですか。
_{いちばんちか　 　　 てい} |

| 탈의실은 어디예요? | 시챠꾸시쯔와 도꼬데스까?
試着室は どこですか。
_{し ちゃくしつ} |

| (지도를 보여 주며)
이 가게는 어디예요? | 코노 미세와 도꼬데스까?
この 店は どこですか。
_{みせ} |

여행 생존 패턴 02

~을 주세요.
～を ください(お願いします)。
~오 쿠다사이(오네가이시마스).

물 한 잔 주세요.

오미즈오 입-빠이 쿠다사이.
お水を 一杯 ください。

여행 지도 한 장 주세요.

캉-꼬-치즈오 이찌마이 쿠다사이.
観光地図を 一枚 ください。

메뉴판 주세요.

메뉴-오 오네가이시마스.
メニューを お願いします。

(메뉴판을 가리키며)
이거랑 이걸 주세요.

코레또 코레오 쿠다사이.
これと これを ください。

영수증 주세요.

레시-또오 오네가이시마스.
レシートを お願いします。

여행 생존 패턴 03

~해 주세요.   ～て(で)ください。 ~떼(데) 쿠다사이.

죄송하지만, 다시 한번 말해 주세요.	스미마셍-, 모- 이찌도 잇-떼 쿠다사이. すみません、もう 一度 言って ください。
좀 더 천천히 말해 주세요.	모- 스꼬시 육-꾸리 하나시떼 쿠다사이. もう 少し ゆっくり 話して ください。
역까지 가는 길을 알려 주세요.	에끼마데노 이끼까따오 오시에떼 쿠다사이. 駅までの 行き方を 教えて ください。
(택시를 이용할 때) 이 주소로 가 주세요.	코꼬마데 잇-떼 쿠다사이. ここまで 行って ください。
(쇼핑할 때) 저것을 보여 주세요.	아레오 미세떼 쿠다사이. あれを 見せて ください。

여행 생존 패턴 04

~있어요?　　～ありますか。～아리마스까?

| 이 근처에 ATM기가 있나요? | 코노 치까꾸니 에-띠-에무와 아리마스까?
この 近くに ＡＴＭは ありますか。
ちか　　　エーティーエム |

| 설사약(지사제) 있나요? | 게리도메와 아리마스까?
下痢止めは ありますか。
げ り ど |

| 창가 쪽 자리 있나요? | 마도가와노 세키와 아리마스까?
窓側の 席は ありますか。
まどがわ　　せき |

| 다른 거 있나요? | 호까노 슈루이와 아리마스까?
ほかの 種類は ありますか。
しゅるい |

| 좀 더 싼 거 있나요? | 모- 스꼬시 야스이노와 아리마스까?
もう 少し 安いのは ありますか。
すこ　　やす |

여행 생존 패턴 05

🎧 MP3-13

~해도 되나요?
~ても いいですか。
~떼모 이-데스까?

(팸플릿을 가리키며)
이거 가져가도 되나요?

코레, 모랏-떼모 이-데스까?
これ、もらっても いいですか。

이거 입어 봐도 되나요?

코레, 시챠꾸시떼 미떼모 이-데스까?
これ、試着して みても いいですか。
　　　し ちゃく

여기에서 사진 촬영해도 되나요?

고꼬데 샤싱-오 톳-떼모 이-데스까?
ここで 写真を 撮っても いいですか。
　　　しゃしん　　と

자리를 바꿔도 되나요?

세끼오 카왓-떼모 이-데스까?
席を 替わっても いいですか。
せき　か

안에 들어가도 되나요?

나까니 하잇-떼모 이-데스까?
中に 入っても いいですか。
なか　はい

여행 생존 패턴 06

어떻게 ~해요?
どうやって・なんと ~ますか(ですか)。
도-얏-떼~・난-또 ~마스까(데스까)?

시부야까지는 어떻게 가죠?

시부야마데와 도-얏-떼 잇-따라 이-데스까?
渋谷までは どうやって 行ったら いいですか。

이거 어떻게 먹어요?

코레, 도-얏-떼 타베따라 이-데스까?
これ、どうやって 食べたら いいですか。

이건 어떻게 사용하죠?

코레와 도-얏-떼 츠까운-데스까?
これは どうやって 使うんですか。

일본어로 어떻게 말하죠?

니혼-고데 난-또 이-마스까?
日本語で 何と 言いますか。

안전벨트는 어떻게 매나요?

시-또베루또와 도-얏-떼 시메따라 이-데스까?
シートベルトは どうやって 締めたら いいですか。

07 여행 생존 패턴

어디에서 ~하나요?

どこで ～ますか(ですか)。
도꼬데 ~마스까(데스까)?

어디에서 표를 사나요?

킵-뿌와 도꼬데 카에마스까?
切符は どこで 買えますか。

어디에서 환승하나요?

도꼬데 노리까에따라 이-데스까?
どこで 乗り換えたら いいですか。

어디서 신청하면 되나요?

도꼬데 모-시꼰-다라 이-데스까?
どこで 申し込んだら いいですか。

관광 책자는 어디서 받을 수 있나요?

캉-꼬-팡-후렛-또와 도꼬데 모라에마스까?
観光パンフレットは どこで もらえますか。

이 상품은 어디서 판매하나요?

코노 쇼-힝-와 도꼬데 웃-떼 이마스까?
この 商品は どこで 売って いますか。

여행 생존 패턴 08

몇 시에 ~하나요? **何時に ～ますか。** 난-지니 ~마스까?

몇 시에 도착해요?

난-지니 츠끼마스까?
何時に 着きますか。

몇 시에 출발해요?

난-지니 슛-빠쯔시마스까?
何時に 出発しますか。

몇 시에 시작하나요?

난-지니 하지마리마스까?
何時に 始まりますか。

몇 시에 문 열어요?

난-지니 아끼마스까?
何時に 開きますか。

몇 시에 문 닫아요?

난-지니 시마리마스까?
何時に 閉まりますか。

여행 생존 패턴 09

~해 줄 수 있나요?
~て(で) もらえますか。
~떼(데) 모라에마스까?

승차표를 예매해 줄 수 있나요?	킵-뿌오 요야꾸시떼 모라에마스까? 切符を 予約して もらえますか。 きっぷ　　よやく
식당을 예약해 줄 수 있나요?	레스토랑-오 요야꾸시떼 모라에마스까? レストランを 予約して もらえますか。 　　　　　　　　よやく
짐을 보관해 줄 수 있나요?	니모쯔오 아즈갓-떼 모라에마스까? 荷物を 預かって もらえますか。 にもつ　あず
가는 길을 알려 줄 수 있나요?	이끼까따오 오시에떼 모라에마스까? 行き方を 教えて もらえますか。 い　かた　おし
여기에 지도를 그려 줄 수 있나요?	코꼬니 치즈오 카이떼 모라에마스까? ここに 地図を かいて もらえますか。 　　　ちず

여행 생존 패턴 10

~하고 싶은데요.　～たいんですが。 ~따인-데스가.

예약을 하고 싶은데요.	요야꾸오 시따인-데스가. 予約を したいんですが。 よやく
예약을 변경하고 싶은데요.	요야꾸오 헹-꼬-시따인-데스가. 予約を 変更したいんですが。 よやく　へんこう
(메모를 보여 주며) 실례합니다. 여기에 가고 싶은데요.	스미마셍-, 코꼬니 이끼타인-데스가. すみません、ここに 行きたいんですが。 い
렌터카를 빌리고 싶은데요.	렌-타카-오 카리따인-데스가. レンタカーを 借りたいんですが。 か
이거 교환하고 싶은데요.	코레, 코-깐-시떼 모라이따인-데스가. これ、交換して もらいたいんですが。 こうかん

Part 2

기내에서

자리 찾기
기내 용품 요청하기
음료 서비스 요청하기
식사 서비스 요청하기
면세품 주문하기
#계절별 추천 여행지

자리 찾기
제 좌석은 어디죠?

🎧 MP3-19

비행기에 탑승 후, 내 자리가 어딘지 헷갈린다면 입구에 서 있는 승무원에게 물어보면 된다. 기본적으로 탑승권에 좌석 번호가 명시되어 있어 승무원에게 보여 주면 원하는 자리를 찾을 수 있다. 또한, 한국에서 출발하는 항공편의 경우 보통 한국인 승무원이 탑승하고 있으므로 너무 긴장하지 말자.

핵심 표현

와타시노 세키와 도꼬데스까?
私の 席は どこですか。
わたし　　せき

파스포-또
パスポート
여권

토-죠-껭-
搭乗券
とうじょうけん
탑승권

세모타레
背もたれ
せ
등받이

시-또베루또
シートベルト
안전벨트

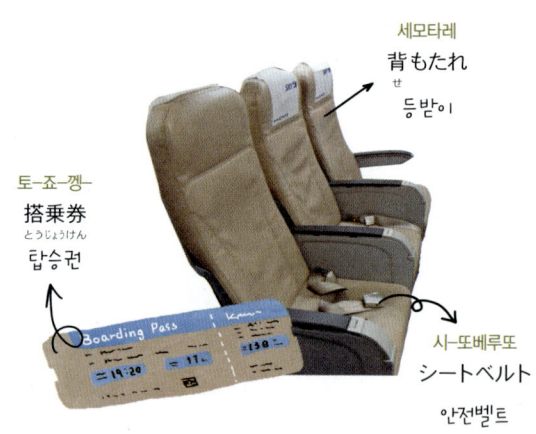

TIP 일본인 승객이 통로에 서 있다면, '죄송합니다. 잠깐 지나가도 될까요?(스미마셍-. 춋-또 토-시떼 쿠다사이《すみません。ちょっと 通とおして ください》'라고 양해를 구하면 된다. 보통의 경우 '스미마셍-《すみません》'이라고만 해도 된다.

여행 가서 바로 쓰는 문장

탑승권을 보여 주세요.

토-죠-껭-오 오미세쿠다사이.
搭乗券を お見せください。
とうじょうけん　　み

자리를 잘못 앉으신 것 같습니다.

세끼가 치가우 요-난-데스가.
席が 違う ようなんですが。
せき　ちが

23A좌석이 어디죠?

니쥬-상-에-와 도꼬데스까?
23Aは どこですか。
　エー

손님 자리는 저쪽 통로측입니다.

오캬꾸사마노 세끼와 아찌라노 츠-로가와데스.
お客様の 席は あちらの 通路側です。
きゃくさま　せき　　　　つうろがわ

빈자리로 자리를 옮겨도 될까요?

아이떼루 세끼니 우쯧-떼모 이-데스까?
空いてる 席に 移っても いいですか。
あ　　　せき　うつ

의자를 뒤로 젖혀도 될까요?

시-또오 타오시떼모 이-데스까?
シートを 倒しても いいですか。
　　　　たお

기내 용품 요청하기
담요 좀 주시겠어요?

🎧 MP3-20

비행기가 이륙 후 안전고도에 이르면, 승무원에게 기내 서비스를 요청할 수 있다. 항공사마다 차이는 있지만 대부분 담요, 이어폰, 쿠션 등을 제공하고 있으므로 아래의 핵심 표현을 사용해 필요한 기내 용품을 요청해 보자.

핵심 표현

모-후오 오네가이 데끼마스까?
毛布を お願い できますか。
もうふ　　　ねが

아야홍-	모-후	스립-빠	아이마스꾸
イヤホーン	毛布	スリッパ	アイマスク
이어폰	담요	슬리퍼	수면 안대

TIP 승무원에게 기내 용품을 요청하거나 용무가 있을 때는 호출버튼을 누르거나 '스미마셍-(すみません〈잠깐만요, 여기요〉)'라고 말을 걸면 된다.

여행 가서 바로 쓰는 문장

한국 신문 있나요?

캉-코꾸(고)노 심-붕-와 아리마스까?
韓国(語)の 新聞は ありますか。
かんこく ご　　　しんぶん

이어폰이 고장난 것 같은데요.

이야홍-가 코와레떼 이루 요-난-데스가.
イヤホーンが 壊れている ようなんですが。
　　　　　　こわ

담요 한 장 더 주실래요?

모-후오 모-이찌마이 모라에마셍-까?
毛布をもう一枚 もらえませんか。
もう ふ　　　　いちまい

(멀미를 할 때)
속이 좀 안 좋은데요.

춋-도 기붕-가 와루인-데스가.
ちょっと 気分が わるいんですが。
　　　　き ぶん

약 좀 주실래요?

쿠스리오 모라우 코또가 데끼마스까?
薬を もらう ことが できますか。
くすり

잠시만 기다려 주세요.

쇼-쇼- 오마찌쿠다사이.
少々 お待ちください。
しょうしょう　ま

음료 서비스 요청하기
물 한 잔만 주세요.

🎧 MP3-21

기내에 실리는 음료의 종류는 항공사마다 차이가 있지만, 일반적으로 가장 대중적인 음료로 이루어져 있다. 비행 중 목이 마르다면 아래와 같은 표현으로 음료 서비스를 요청해 보자.

핵심 표현

오미즈오 입-빠이 쿠다사이.

お水を 一杯 ください。
みず　　いっぱい

비-루	코-히-	와잉-	오챠
ビール	コーヒー	ワイン	お茶 ちゃ
맥주	커피	와인(포도주)	차

TIP 저비용 항공사(LCC항공)
기존 항공사에 비해 저렴한 가격으로 운영되는 저비용 항공사는 보통 기내식이 제공되지 않는다. 따라서 음료 서비스의 경우에는 보통 생수가 제공되며, 기타 음료나 기내식은 추가로 돈을 지불한 후에 구매해야 한다.

여행 가서 바로 쓰는 문장

음료는 무엇으로 드시겠습니까?
오노미모노와 나니니 나사이마스까?
お飲み物は 何に なさいますか。

어떤 음료가 있나요?
돈-나 노미모노가 아리마스까?
どんな 飲み物が ありますか。

커피, 홍차, 주스 등이 있습니다.
코-히-, 코-챠, 쥬-스 나도가 고자이마스.
コーヒー、紅茶、ジュース などが ございます。

커피로 주세요.
코-히-오 쿠다사이.
コーヒーを ください。

커피 리필해 드릴까요?
코-히-노 오까와리와 이까가데스까?
コーヒーの おかわりは いかがですか。

아뇨, 괜찮아요.
이-에, 켁-꼬-데스.
いいえ、結構です。

식사 서비스 요청하기

닭고기로 주세요.

🎧 MP3-22

하늘에서 먹는 기내식은 여행에서 느낄 수 있는 즐거움 중 하나이다. 기내식은 지상에서 미리 조리되어 탑재되기 때문에 종교나 건강 등의 이유로 일반 기내식을 먹지 못하는 여행자는 특별 기내식을 항공사에 사전 예약해야 한다. 특별 기내식에는 야채식, 의료식, 종교식, 아동식 등의 다양한 종류가 준비되어 있다.

핵심 표현

치킨-오 오네가이시마스.
チキンを お願いします。
ねが

TIP

특별 기내식 - 일본어 표기법

서양채식(VGML)
ベジタリアンビーガンミール
베지타리앙- 비-간- 미-루

고기, 생선, 유제품을 사용하지 않는 서양식 채식이다.

동양채식(VOML)
ベジタリアンオリエンタルミール
베지타리앙- 오리엔-따루 미-루

고기, 생선, 유제품을 사용하지 않는 동양식 채식이다.

과일식(FPML)
フルーツプラッターミール
후루-쯔 푸랏-따-미-루

신선한 과일로 구성된 기내식이다.

해산물식(SFML)
シーフードミール
시-후-도 미-루

신선하고 다양한 해산물로 구성된 기내식이다.

당뇨식(DBML)
糖尿病対応ミール
とうにょうびょうたいおう
토-뇨-뵤- 타이오- 미-루

당뇨병 환자에게 적합한 기내식으로 당분이 거의 함유되어 있지 않다.

아동식(CHML)
チャイルドミール
차이루도 미-루

만 2세~12세 미만의 어린이에게 제공되는 기내식으로 햄버거, 피자, 돈가스 등 어린이들이 좋아하는 메뉴로 구성되어 있다.

여행 가서 바로 쓰는 문장

식사는 비빔밥과 일식이 있습니다.

오쇼꾸지와 비빔-바또 와쇼꾸가 고자이마스.
お食事は ビビンバと 和食が ございます。
しょくじ　　　　　　　　わしょく

쇠고기와 닭고기, 어떤 걸로 하시겠습니까?

비-후또 치킹-, 도찌라니 나사이마스까?
ビーフと チキン、どちらに なさいますか。

쇠고기로 주세요.

비-후오 오네가이시마스.
ビーフを お願いします。
　　　　　　ねが

나중에 먹어도 될까요?

모-스꼬시 아또니시떼 이따다께마스까?
もう少し 後にして いただけますか。
　　すこ　あと

식사는 안 하겠습니다.

쇼꾸지와 켁-꼬-데스.
食事は 結構です。
しょくじ　けっこう

테이블을 펴 주시겠습니까?

테-부루오 다시떼 이따다께마스까?
テーブルを 出して いただけますか。
　　　　　だ

면세품 주문하기
카탈로그에 있는 이 제품 있나요?

🎧 MP3-23

식사 서비스가 끝나면 승무원의 기내 면세품 판매가 시작된다. 면세품 판매 시 다양한 프로모션을 진행하기도 하는데, 원하는 상품이 품절되었을 경우에는 구매 예약을 하면, 돌아오는 항공편에서 면세품을 구매할 수 있다.

핵심 표현

카따로구니 아루 코노 쇼-힝-와 아리마스까?
カタログに ある この商品は ありますか。
しょうひん

뷰-라-
ビューラー
속눈썹 뷰러

쿠찌베니
口紅
くちべに
립스틱

코-스이
香水
こうすい
향수

마니큐아
マニキュア
매니큐어

아이샤도-
アイシャドウ
아이섀도

TIP 화장품 브랜드

아루-마니	비오테루무	슈-우에무라	랑-코무
アルマーニ	ビオテルム	シュウウエムラ	ランコム
아르마니	비오템	슈에무라	랑콤
아모-레파시휙-쿠	헤라	소루화스	메디히-루
アモーレパシフィック	ヘラ	ソルファス	メディヒール
아모레퍼시픽	헤라	설화수	메디힐

여행 가서 바로 쓰는 문장

지금부터 면세품 판매를 시작하겠습니다.

타다이마요리 멘-제-힌-노 함-바이오 이따시마스.
ただ今より 免税品の 販売を いたします。
いま　　　めんぜいひん　はんばい

(면세품 책자를 보여 주며) 이거 하나 주세요.

코레오 히또쯔 쿠다사이.
これを ひとつ ください。

이 제품은 판매하고 있지 않습니다.

코찌라노 쇼-힝-와 함-바이시떼 오리마셍-.
こちらの 商品は 販売して おりません。
しょうひん　はんばい

계산은 어떻게 하시겠습니까?

오시하라이와 이까가 나사이마스까?
お支払いは いかが なさいますか。
しはら

카드로 계산할게요.

카-도데 오네가이시마스.
カードで お願いします。
ねが

원화로 지불할게요.

원-데 오네가이시마스.
ウォンで お願いします。
ねが

CULTURE OF JAPAN

✱ 계절별 추천 여행지 ✱

봄

도쿄의 벚꽃 명소(東京)
`Best Spot` 메구로가와(目黒川) 강변

봄이면 벚꽃 천국이 되는 일본. 도쿄의 벚꽃 명소 메구로강은 강변을 따라 자란 벚나무가 만드는 분홍빛 벚꽃 아치가 장관이다. 4월초 나카메구로역(中目黒駅) 일대 강변에서 벚꽃축제가 열린다.

교토의 벚꽃 명소(京都)
`Best Spot` 다이고지(醍醐寺)
후쿠오카의 벚꽃 명소(福岡)
`Best Spot` 마이즈루 공원(舞鶴公園)

여름

홋카이도 후라노(富良野) 지구
`Best Spot` 팜도미타(ファーム富田)

여름 홋카이도의 후라노는 라벤더의 향연이 펼쳐진다. 특히 팜도미타는 인기 높은 명소로 보랏빛 융단을 깔아 놓은 듯한 라벤더 언덕을 거닐며 라벤더 아이스크림을 맛볼 수 있다.

40

가을

천 년의 고도 교토(京都)
`Best Spot` 킨카쿠지(金閣寺)

`Best Spot` 기요미즈데라(淸水寺)

교토 단풍 명소 중 하나인 기요미즈데라는 가을이 되면 절벽 위에 자리한 본당 밑으로 새빨간 단풍으로 물든 교토의 아름다운 경관을 감상할 수 있다.

겨울

규슈의 온천마을(九州)
`Best Spot` 유후인(湯布院)・벳푸(別府)

겨울 왕국 홋카이도(北海道)
`Best Spot` 삿포로(札幌)・오타루(小樽)

홋카이도는 겨울 내내 축제가 가득하다. 홋카이도의 중심지 삿포로에서는 화이트 일루미네이션과 세계적으로 유명한 눈축제가 열리고, 영화 '러브레터'의 촬영지 오타루에서는 눈빛거리 축제가 열린다.

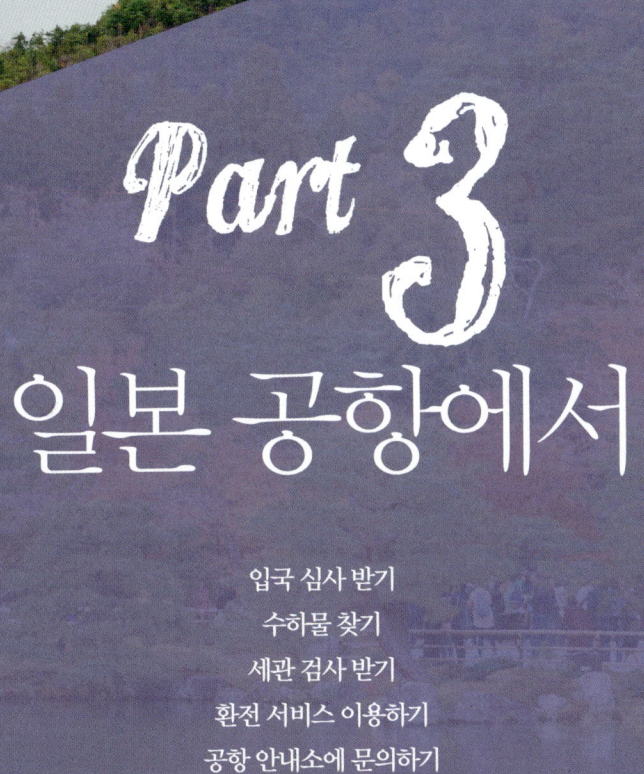

Part 3
일본 공항에서

입국 심사 받기
수하물 찾기
세관 검사 받기
환전 서비스 이용하기
공항 안내소에 문의하기
일본의 계절별 음식

입국 심사 받기

관광하러 왔어요.

🎧 MP3-24

일본 공항에 도착하면 우선 입국 심사대로 이동해서 입국 심사를 받아야 한다. 입국 심사대는 외국인(外国人) 표시가 되어 있는 곳에 줄을 서서 차례가 되면 '여권'과 '출입국신고서'를 제시한다. '출입국신고서'는 목적지에 도착하기 전에 기내에서 승무원이 나눠주는데, 일본어를 모르면 영문으로 작성하면 된다. 입국 심사 시 일본에 온 목적이나 어디에 묵는지 묻는 경우도 있지만, 출입국카드에 방문 목적, 체류 기간, 숙소, 연락처를 정확하게 기입하면 긴장할 필요는 없다. 만약 심사관의 별도의 질문을 받는다면 아래의 핵심 표현으로 대답해 보자.

핵심 표현

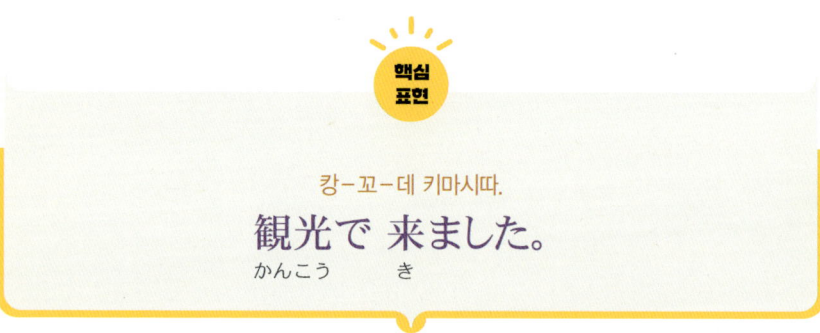

캉-꼬-데 키마시따.
観光で 来ました。
かんこう　き

TIP 일본 입국 절차

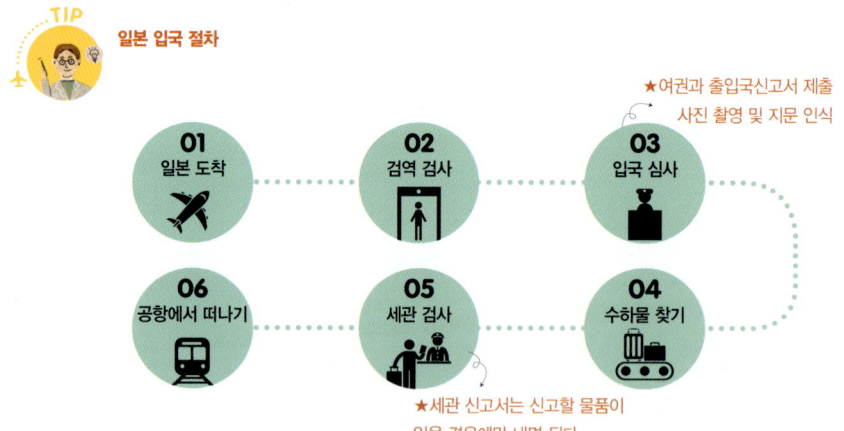

여행 가서 바로 쓰는 문장

여권을 좀 보여 주세요.
파스포-또오 미세떼 쿠다사이.
パスポートを 見せて ください。
み

방문 목적은 무엇입니까?
호-몬-노 모쿠떼끼와 난-데스까?
訪問の 目的は 何ですか。
ほうもん　　もくてき　　なん

며칠 동안 체류할 예정입니까?
난-니찌깡- 타이자이스루 요떼-데스까?
何日間 滞在する 予定ですか。
なんにちかん たいざい　　　よ てい

4일 간이요.
욕-까깐-데스.
四日間です。
よっ か かん

어디에 체류합니까?
타이자이사끼와 도꼬데스까?
滞在先は どこですか。
たいざいさき

그랜드 하얏트 호텔이요.
구란-도 하이앗-또 호테루데스.
グランド ハイアット ホテルです。

수하물 찾기
제 짐이 나오지 않는데요.

🎧 MP3-25

입국 심사를 마친 뒤, 본격적으로 자신의 짐(수하물)을 찾아야 한다. 어디로 가야 할지 헷갈린다면 짐을 부칠 때 받았던 수하물 표를 보자. 수하물 표에서 내가 탔던 항공기의 항공편명을 확인 후 짐 찾는 곳(手荷物受取)으로 가면 된다. 많은 짐이 한꺼번에 나오기 때문에 짐을 부치기 전에 짐에 특별한 표시를 하거나 이름표를 달아두면 좋다. 혹시 내 수하물을 찾을 수 없거나 짐이 나오지 않는 경우에는 아래 핵심 표현을 사용해 공항 직원에게 도움을 요청해 보자.

핵심 표현

니모쯔가 데떼 코나이노데스가.
荷物が 出て こないのですが。
　に　もつ　　　で

TIP  **수하물 표 보는 법**

DONGYANG AIRLINES

❶ KIM/HYOSOO
❷ ICN → NRT
❸ DY 178 / ❹ 3MAY
❺ 0337444929

❻ SEC 300 BAG ❼ 1 / ❽ 11

❶ 성명 : 김효수
❷ 출발지 : 인천 → 목적지 : 나리타
❸ 항공편명 : 동양항공 178
❹ 날짜 5월 3일
❺ 항공사 번호 + 수하물 번호
❻ 수하물 수속 순서
❼ 가방 개수 : 1개
❽ 가방 무게 : 11kg

여행 가서 바로 쓰는 문장

짐은 어디서 찾나요?
니모쯔와 도꼬데 우께또레바 이-데스까?
荷物は どこで 受け取れば いいですか。

여행 가방이 안 나오는데요.
스-쯔케-스가 데떼 코나이노데스가.
スーツケースが 出て こないのですが。

수하물 표 좀 보여 주세요.
테니모쯔 히키까에쇼-오 미세떼 쿠다사이.
手荷物 引換証を 見せて ください。

어느 항공편으로 오셨습니까?
도노 빙-오 고리요-니 나리마시따까?
どの便を ご利用に なりましたか。

720편으로 왔어요.
나나니-제로빈-데 키마시따.
720便で 来ました。

트렁크가 망가졌어요.
토랑-꾸가 코와레떼 이룬-데스가.
トランクが 壊れて いるんですが。

세관 검사 받기

이건 친구에게 줄 선물이에요.

🎧 MP3-26

일반적으로 짐을 찾고 출구로 나가면 도착지 공항에서의 모든 수속이 마무리된다. 이 때 세관을 통과하는데, 신고할 물품이 있다면 세관신고서를 제출하면 되고 없다면 지나쳐 출구로 나오면 된다. 만약 세관을 지나가고 있는데, 세관 직원이 내 손에 들고 있는 짐에 대해 질문한다면 아래의 핵심 표현으로 대답해 보자.

핵심 표현

코레와 토모다찌에노 오미야게데스.
これは 友達への お土産です。
　　　　ともだち　　　　　みやげ

TIP

나리타·간사이 국제공항에서 수하물 서비스 이용하기

❶ 카트(손수레) 서비스 : 터미널, 주차 구역 등에서 짐을 옮길 때 무료로 사용할 수 있다.

❷ 수하물 임시 보관 서비스 : 수하물 보관이 필요하다면 '手荷物一時預かり(테니모쯔이찌지아즈까리)'라고 적혀 있는 곳을 찾아보자. 여행가방 1개당 1일 500엔 정도로, 수하물 크기에 따라 요금은 달라진다.

여행 가서 바로 쓰는 문장

신고할 것이 있습니까?	싱-꼬꾸스루 모노와 아리마스까? 申告する ものは ありますか。
없어요.	아리마셍-. ありません。
가방 안에는 뭐가 들어 있습니까?	카반-노 나까니 나니가 하잇-떼 이마스까? かばんの 中に 何が 入って いますか。
가방을 열어 주세요.	카방-오 아께떼 쿠다사이. かばんを 開けて ください。
이건 과세 대상입니다.	코레와 카제-타이쇼-또 나리마스. これは 課税対象と なります。
이건 제가 쓰려고 가져온 거예요.	코레와 코진-떼끼니 시요-스루타메니 모찌꼰-다 모노데스. これは、個人的に 使用するために 持ち込んだ ものです。

환전 서비스 이용하기
환전하려고 하는데요.

🎧 MP3-27

환전은 해외로 나가는 당일 공항에서 환전을 하는 것보다 여행 전 국내 은행에서 미리 하는 것이 유리하다. 일본은 신용카드보다 현금결제가 일상화되어 있어 식당이나 상점에서 현금으로 지불해야 하는 경우가 많다. 현지에서 현금 서비스를 받는 가장 쉬운 방법은 세븐일레븐 편의점의 세븐은행 ATM을 이용하는 것이다. 대부분 365일 24시간 이용할 수 있고 한국어가 지원된다. 그 외에 우체국의 유초은행 ATM에서도 현금 서비스 이용이 가능하다.

핵심 표현

료-가에 시따인-데스가.
両替 したいんですが。
りょうがえ

TIP

세븐 뱅크 ATM 사용법!

세븐일레븐 편의점 외에 이토요카도나 국제공항, 주요 역에도 설치되어 있다.

     ✱✱✱✱

01 카드 삽입 및 언어 선택
ATM기에 사용 가능한 직불형 카드나 신용카드 삽입 후, 언어를 선택한다.

02 원하는 거래 선택
'ご希望の取引を押してください(원하시는 거래를 눌러 주십시오)' 문구가 뜨면 '引出し(출금)'을 선택한 후, 다음 화면에서 거래 유형을 선택한다.

03 비밀 번호 입력
우측의 버튼으로 카드 결제 시 사용하는 '暗証番号(비밀번호)'를 입력하고 확인 버튼을 누른다.

04 원하는 금액 선택
원하는 금액을 선택하거나 입력한다. 만 엔부터 인출 가능하며, ATM 사용 수수료는 없고 사용 카드 발행 금융기관이 정한 수수료만 발생한다.

05 엔화 수령
현금을 받은 후, 카드와 명세서도 잊지 말고 받도록 하자.

여행 가서 바로 쓰는 문장

이 근처에 ATM기가 있나요?	코노 헨-니 에-띠-에무와 아리마스까? この 辺に ATMは ありますか。
어디서 환전할 수 있죠?	도꼬데 료-가에 데끼마스까? どこで 両替 できますか。
환전 부탁합니다.	료-가에 오네가이시마스. 両替 お願いします。
수수료는 얼마죠?	테스-료-와 이꾸라데스까? 手数料は いくらですか。
이걸 엔화로 바꿔 주세요.	코레오 엔-니 카에떼 쿠다사이. これを 円に 替えて ください。
만 엔짜리 한 장이랑, 나머지는 천 엔짜리와 잔돈으로 주세요.	이찌망-엔-사쯔 이찌마이또, 노꼬리와 셍-엔-사쯔또 코제니니 시떼 쿠다사이. 1万円札 1枚と、残りは 千円札と 小銭に して ください。

공항 안내소에 문의하기

지하철 노선도를 한 장 주세요.

🎧 MP3-28

공항에서 출발 전 여행자 안내소에 방문해 보자. 지하철 노선도를 구하거나 관광지를 추천받을 수도 있으며, 만약 머물 숙소를 예약하지 못한 상태라면 숙소를 추천받을 수 있고 부탁하면 예약도 해 준다. 대부분 공항이 넓어 헤맬 수 있으므로 출발 전에 택시를 타는 장소나 공항버스 등의 위치를 문의해 보는 것도 좋은 방법이다.

핵심 표현

치까떼쯔노 로센-즈오 이찌마이 쿠다사이.

地下鉄の 路線図を 一枚 ください。
ちかてつ　　　ろせんず　　　いちまい

TIP

다운로드해서 가면 좋은 어플

구글맵스 (Google Maps)		여행 갈 때 필수 어플! 일본에서도 사용 가능하며, 한글로 입력해도 된다.
도쿄 지하철 내비게이션 (Tokyo SUBWAY Navigation)		도쿄 지하철의 공식 어플로서, 노선 운행 정보 및 시간표, 환승, 출입구 정보를 제공한다.
전국 택시 호출 서비스 (JAPAN TAXI / 全国タクシー) ぜんこく		일본 전역에서 사용 가능한 택시 호출 서비스 어플로, 신용카드를 등록해 두면 요금이 자동 결제된다.

여행 가서 바로 쓰는 문장

관광 안내소는 어디에 있나요?	캉-꼬-안-나이쇼와 도꼬데스까? 観光案内所は どこですか。 _{かんこうあんないしょ}
리무진버스 타는 곳이 어디인가요?	리무진-바스노 노리바와 도꼬데스까? リムジンバスの 乗り場は どこですか。 _{の ば}
유모차를 빌리고 싶은데요.	베비-카-오 카리따인-데스가. ベビーカーを 借りたいんですが。 _か
약도를 그려 주시겠어요?	치즈오 카이떼 이따다께마스까? 地図を かいて いただけますか。 _{ち ず}
여기에서 호텔을 예약할 수 있나요?	코꼬데 호떼루오 요야꾸스루 코또가 데끼마스까? ここで ホテルを 予約する ことが できますか。 _{よ やく}
좀 더 저렴한 곳은 없나요?	모-스꼬시 야스이 토꼬로와 아리마셍-까? もう少し 安い ところは ありませんか。 _{すこ やす}

* 일본의 계절별 음식 *

봄

일본에서 즐겨 먹는 봄철 음식 중 하나는 죽순 요리이다. 부드럽고 맛과 영양이 풍부한 봄 죽순과 채소, 고기 등을 넣어 만든 죽순영양밥(たけのこご飯)은 맛과 향이 일품이고 건강에도 좋다. 치라시즈시(ちらし寿司)도 봄철을 대표하는 음식이다. 치라시즈시는 초양념한 밥 위에 해산물, 채소, 달걀지단 등을 얹어 먹는 초밥을 말한다. 벚꽃놀이 도시락으로, 히나마쓰리(ひな祭り)라는 여자아이의 건강한 성장을 기원하는 봄 연중행사의 음식으로 치라시즈시를 먹는다.

여름

일본의 라멘 가게들은 여름이 되면 계절 메뉴로 히야시츄카(ひやし中華)를 내놓는다. 차가운 면에 채소, 고기, 달걀지단 등 고명을 올려 소스를 끼얹어 먹는데, 입맛을 돋우는 여름 별미 라멘이다. 한편 일본의 여름철 보양식 하면 우나쥬(うな重), 우나동(うな丼)을 빼놓을 수 없다. 모두 달짝지근한 소스를 발라 구운 장어를 밥 위에 올리고 먹는 요리라는 점은 같다. 다만 장어의 고갈이 심해지고 가격도 비싸 쉽게 먹지 못하는데, 요즘에는 장어 맛 나는 메기가 개발, 시판되는 등 저렴한 장어 맛 식품이 등장하고 있다.

가을

가을이 되면 버섯 따기 체험이 인기인 일본. 봄에 죽순영양밥이 있다면 가을에는 버섯영양밥(きのこご飯)이 있다. 향과 맛이 깊은 각종 가을 버섯, 채소 등을 넣고 만든 영양밥이다. 우리가 가을이면 전어를 최고로 치는 것처럼 일본에서는 꽁치가 가을의 맛을 대표한다. 살이 통통하게 오른 꽁치는 소금을 뿌려 숯불에 구워 먹는 경우가 많은데, 이 꽁치구이(さんまの塩焼き)를 일본인들이 가을철에 즐겨 먹는다.

겨울

찬바람이 부는 겨울이 되면 뜨끈한 음식을 찾게 되는데, 일본에서는 나베요리(鍋料理)를 즐겨 먹는다. 나베(鍋)는 냄비 또는 솥을 지칭하는 일본말로 지금은 그 자체로 일본식 전골 요리인 나베요리를 나타낸다. 나베라고 하면 요세나베(寄せ鍋)가 일반적이며 요세(寄せ)는 모듬이라는 뜻이다. 휴대용 가스레인지 위에 냄비를 올리고 다시마 육수에 생선, 고기, 두부, 채소 등의 재료를 넣고 익은 것부터 꺼내 먹는데, 지역마다 가정마다 선호하는 육수나 재료가 달라서 레시피가 다양하다.

Part 4
교통수단

지하철 이용하기
버스 이용하기
택시 이용하기
기차 이용하기
일본 영화 속 그 장소

지하철 이용하기
전철로 갈 수 있나요?

🎧 MP3-29

일본은 전철 및 지하철이 가장 대중적인 교통수단이라고 할 수 있다. 표 구입은 자동 발매기(한국어, 영어 지원)를 이용하면 된다. 이때 발매기 위에 설치된 노선도에서 목적지까지의 운임을 확인하고 표를 구입하면 된다. 일본의 경우 지상을 달리는 것은 전철, 지하를 달리는 것은 지하철로 구분되며, 운영 주체에 따라 노선의 요금체계도 제각각이다. 따라서 다른 노선으로 갈아타려면 다시 표를 구입해야 하는 경우가 발생하므로, 충전식 교통카드를 구매해 활용하면 편리하다.

핵심 표현

덴-샤데 이께마스까?
電車で 行けますか。
でんしゃ　　　い

TIP

수도권의 교통카드, 스이카(Suica)와 파스모(PASMO)

일본에는 지역별로 다양한 충전식 교통카드가 있다. 특히 스이카(Suica)와 파스모(PASMO)는 수도권을 중심으로 JR, 지하철, 버스, 택시 등 거의 모든 교통수단을 이용할 수 있고, 호환되는 전국의 철도와 버스 노선에서도 이용 가능하다. 편의점이나 자동판매기 등 다양한 곳에서 결제할 수 있는 전자화폐 기능도 있어 여러모로 유용하다.
카드 구입 시 보증금 500엔이 들지만 반납 시 돌려받을 수 있다. 충전 가능하며 잔액은 환불 받을 수 있다. 단, 스이카는 잔액 환불 수수료가 있으므로 될 수 있으면 잔액을 남기지 않는 게 좋다.

여행 가서 바로 쓰는 문장

아사쿠사에 가고 싶은데요.	아사쿠사니 이끼따인-데스가. 浅草に 行きたいんですが。
여기서 어떻게 가면 돼요?	코꼬까라 도- 잇-따라 이-데스까? ここから どう 行ったら いいですか。
어느 노선을 타야 해요?	나니센-니 노레바 이-데스까? 何線に 乗れば いいですか。
어디에서 내리면 (갈아타면) 돼요?	도꼬데 오리따라(노리까에따라) 이-데스까? どこで 降りたら(乗り換えたら) いいですか。
내릴 역을 지나쳐 버렸어요.	노리스고시떼 시마이마시따. 乗り過ごして しまいました。
잘못 탔어요.	마찌가에떼 놋-떼 시마이마시따. 間違えて 乗って しまいました。

버스 이용하기

이 버스, 신주쿠에 가나요?

🎧 MP3-30

대부분의 일본 공항에서는 전철이나 리무진버스를 이용해 시내로 이동할 수 있다. 짐이 많거나 리무진버스가 정차하는 호텔에 투숙하는 여행자라면 리무진버스를 이용하는 것이 편리하다.
일본의 시내버스의 경우, 도쿄처럼 전철이나 지하철 노선이 잘 갖춰진 대도시에서는 노선이 많지 않고 운행구역도 짧은 편이어서 버스는 보조 교통수단으로 이용된다.

핵심 표현

코노 바스와 신-쥬꾸니 이끼마스까?
このバスは 新宿に 行きますか。
　　　　　しんじゅく　　 い

TIP

일본 버스 이용법

❶ 일본의 버스는 우리나라와 달리 뒷문으로 타서 앞문으로 내리는 방식이 많다. 뒷문으로 탈 때 번호가 적힌 '정리권(整理券)'을 뽑는다.

❷ 내릴 때는 하차벨을 누르고 차내 전광게시판에서 정리권 번호에 해당하는 금액을 정리권과 함께 내고 앞문으로 내리면 된다. 잔돈이 없는 경우 동전 교환기를 이용하자. 교통카드를 사용하는 경우는 승하차 시 단말기에 카드를 인식시키면 요금이 자동으로 지불된다.

❸ 일본 버스는 승객이 내릴 때까지 기다려 주니, 내릴 때는 버스가 완전히 정차한 후에 자리에서 일어나도록 하자. 미리 일어나면 버스기사에게서 주의를 들을 수도 있다

여행 가서 바로 쓰는 문장

기요미즈데라에 가고 싶은데요.
키요미즈데라니 이끼따인-데스가.
清水寺に 行きたいんですが。
きよみずでら　　い

몇 번 버스를 타면 되나요?
남-반-노 바스니 놋-따라 이-데스까?
何番の バスに 乗ったら いいですか。
なんばん　　　　　　の

100번 버스를 타세요.
햐꾸반-노 바스니 놋-떼 쿠다사이.
100番の バスに 乗って ください。
ひゃくばん　　　　　　の

몇 번째 정류장에서 내리면 돼요?
남-밤-메노 테-류-죠데 오리레바 이-데스까?
何番目の 停留所で 降りれば いいですか。
なんばんめ　　ていりゅうじょ　お

도착하면 알려 주시겠어요?
츠이따라 오시에떼 이따다께마셍-까?
着いたら 教えて いただけませんか。
つ　　　　おし

다음 정거장에서 내리세요.
츠기노 바스떼-데 오리떼 쿠다사이.
次の バス停で 降りて ください。
つぎ　　　　てい　　お

택시 이용하기

홀리데이 인 호텔로 가 주세요.

🎧 MP3-31

일본은 택시 요금이 비싸지만 여러 사람이 가까운 거리를 이동할 때는 이용할 만하다. 일본 택시 기사들은 안전운행이 몸에 배어 있어 천천히 운행하는 느낌이 들 수도 있다. 그러다 보니 시간이 촉박할 때는 택시 기사에게 빨리 가 줄 것을 요청하는 경우가 있다. 하지만 규정 속도를 초과하여 운행하지 않기 때문에 일본에서는 택시 기사에게 빨리 가 달라고 하는 것은 삼가는 것이 좋다.

핵심 표현

호리데이 잉- 호떼루마데 오네가이시마스.
ホリデイ・イン・ホテルまで お願いします。
<small>ねが</small>

택시 이용할 때 Tip

❶ 일본에서 택시를 탈 때는 뒷좌석에 타는 것이 일반적이다. 단, 인원이 많아 자리가 부족한 경우 조수석에도 탈 수 있다.

❷ 일본 택시는 뒷문이 자동문으로, 문을 열고 닫는 것은 택시 기사가 하기 때문에 타고 내릴 때 평소 습관대로 직접 문을 여닫지 않도록 유의해야 한다.

❸ 택시 기사에게 행선지를 일본어로 말하기 어렵다면 목적지 주소를 적은 메모나 지도를 보여 주는 것도 좋은 방법이다.

택시 기사에게 한마디
코노 쥬-쇼마데 오네가이시마스.
この 住所まで お願いします。
<small>じゅうしょ　　ねが</small>
이 주소로 가 주세요.

여행 가서 바로 쓰는 문장

| 트렁크 좀 열어 주세요. | 토랑-꾸오 아께떼 모라에마스까?
トランクを 開けて もらえますか。 |

| 어디까지 가십니까? | 도찌라마데 이까레마스까?
どちらまで 行かれますか。 |

| (주소나 지도를 보여 주며)
여기로 가 주세요. | 코꼬마데 오네가이시마스.
ここまで お願いします。 |

| 시간이 얼마나 걸리나요? | 지깡-와 도노쿠라이 카까리마스까?
時間は どのくらい かかりますか。 |

| 여기 내려 주세요. | 코꼬데 오로시떼 쿠다사이.
ここで 降ろして ください。 |

| 영수증 부탁해요. | 레시-또오 오네가이시마스.
レシートを お願いします。 |

기차 이용하기

지정석 표가 있나요?

🎧 MP3-32

일본의 철도는 전국 곳곳을 엮는 그물망 같은 노선망, 정확하고 안전한 운행으로 유명하다. 여행을 길게 가는 경우, 보통 다른 도시도 가 보고 싶기 마련인데, 이럴 때는 기차를 이용해 보자. 일본은 기차 요금이 비싸서 도시 간 이동이 많아지면 여행 경비가 늘어나게 되는데, JR패스 같은 외국인을 위한 레일패스를 이용하면 교통비 부담을 줄일 수 있다. 신칸센과 특급열차 이용 시 우리나라와 달리 승차권 외에 특급권(자유석·지정석)이 필요하므로 유의하도록 하자.

핵심 표현

시떼-세끼와 아리마스까?
指定席は ありますか。
し ていせき

TIP

어플로 기차 예약하기

스마트 EX(スマートEX) : 회원 등록, 예약, 승차 3단계 초간단 신칸센 이용!

❶ 1단계 : 회원 등록

스마트폰 또는 컴퓨터로 신용카드 또는 교통카드를 등록하면 가입 완료. 신용카드는 VISA, MASTERCARD, AMERICAN EXPRESS, JCB, Diners Club INTERNATIONAL 등을 이용할 수 있고, 교통카드는 58쪽에 소개한 PASMO, SUICA를 포함해 모두 10종의 교통카드를 사용할 수 있다.

❷ 2단계 : 열차 예약

스마트폰 또는 컴퓨터로 언제 어디서나 신속하게 예약할 수 있다. 도카이도신칸센(도쿄~신오사카. 東海道新幹線), 산요신칸센(신오사카~하카타. 山陽新幹線) 노선이 이용 가능하다. 예약 변경은 열차 출발 직전까지 무료로 할 수 있다.

❸ 3단계 : 열차 승차

각 역에 설치된 발매기(스마트 EX 표시가 있는 발매기)에서 등록한 신용카드를 넣고 티켓을 발급받은 후(이때 스마트 EX 어플의 비밀번호가 필요하다) 탑승하면 OK!

여행 가서 바로 쓰는 문장

편도인가요, 왕복인가요?

카따미찌데스까, 오-후꾸데스까?
片道ですか、往復ですか。
かたみち　　　おうふく

왕복표 주세요.

오-후꾸데 오네가이시마스.
往復で お願いします。
おうふく　　ねが

좌석을 창가로 주세요.

마도가와노 세끼오 오네가이시마스.
窓側の 席を お願いします。
まどがわ　せき　　ねが

자유석으로 주세요.

지유-세끼데 오네가이시마스.
自由席で お願いします
じゆうせき　　ねが

이 표 환불할 수 있나요?

코노 킵-뿌노 하라이모도시와 데끼마스까?
この きっぷの 払い戻しは できますか。
　　　　　　　はら　もど

열차에 물건을 두고 내렸어요.

덴-샤니 와스레모노오 시떼 시맛-딴-데스가.
電車に 忘れ物を して しまったんですが。
でんしゃ　わす　もの

65

** 일본 영화 속 그 장소 **

'바닷마을 다이어리(海街diary)' 속 그곳!

가마쿠라(鎌倉)
일본 첫 무사정권인 가마쿠라막부(鎌倉幕府)가 위치했던 곳으로, 도쿄에서 한 시간이면 가마쿠라에 도착한다. 가마쿠라의 상징인 가마쿠라대불을 비롯해 유서 깊은 크고 작은 사찰과 신사가 여기저기 자리하고 있다. 영화 속 노면전차 에노덴(江ノ電)을 이용해서 가마쿠라 각 지역으로 이동할 수 있다.

에노시마(江の島)
에노시마는 가마쿠라 인근에 위치한 섬이다. 작은 섬이지만 신사부터 동굴, 수족관까지 볼거리가 많으며 섬 중심부에는 에노시마 일대의 모습을 한눈에 볼 수 있는 360도 전망대가 있다. 먹거리도 꽤 다양한데, 영화 속에서 네 자매가 만들어 먹은 시라스동(잔멸치 덮밥)은 바로 이곳의 명물 먹거리이기도 하다.

주인공 네 자매는 고쿠라쿠지역(極楽寺駅) 가까운 곳에 살고 있다. 둘째 요시노가 출근을 하러, 막내 스즈가 등교를 위해 급히 에노덴을 타러 향하는 장면에서도 이 역이 등장한다.

실제 이름은 다르지만, 영화 속 인물들이 즐겨찾은 우미네코식당(海猫食堂)이 있는 곳이 바로 에노시마이다.

'언어의 정원(言の葉の庭)' 속 그곳!

신주쿠교엔(新宿御苑)

도쿄의 명동이라고 불리는 신주쿠! 쇼핑을 할 수 있는 장소와 맛집 등이 몰려 있고 볼거리가 다양해서 관광객들로 늘 붐빈다. 그런 복잡하고 번화한 신주쿠와 달리 신주쿠교엔은 한적한 정취가 물씬 풍기는 공원이다. 봄에는 벚나무들이 활짝 벚꽃을 피우고, 여름에는 푸른 신록, 가을에는 단풍이 물들고, 겨울에는 아름다운 설경을 맞이한다. 일본식 정원, 영국식 정원, 프랑스식 정원을 조합하여 만들었다고 알려진 신주쿠교엔은 사계절 아름다운 자연을 만끽할 수 있는 도심 속 오아시스와 같은 쉼터이다.

영화 속 주인공 두 사람이 만났던 바로 그 정자.

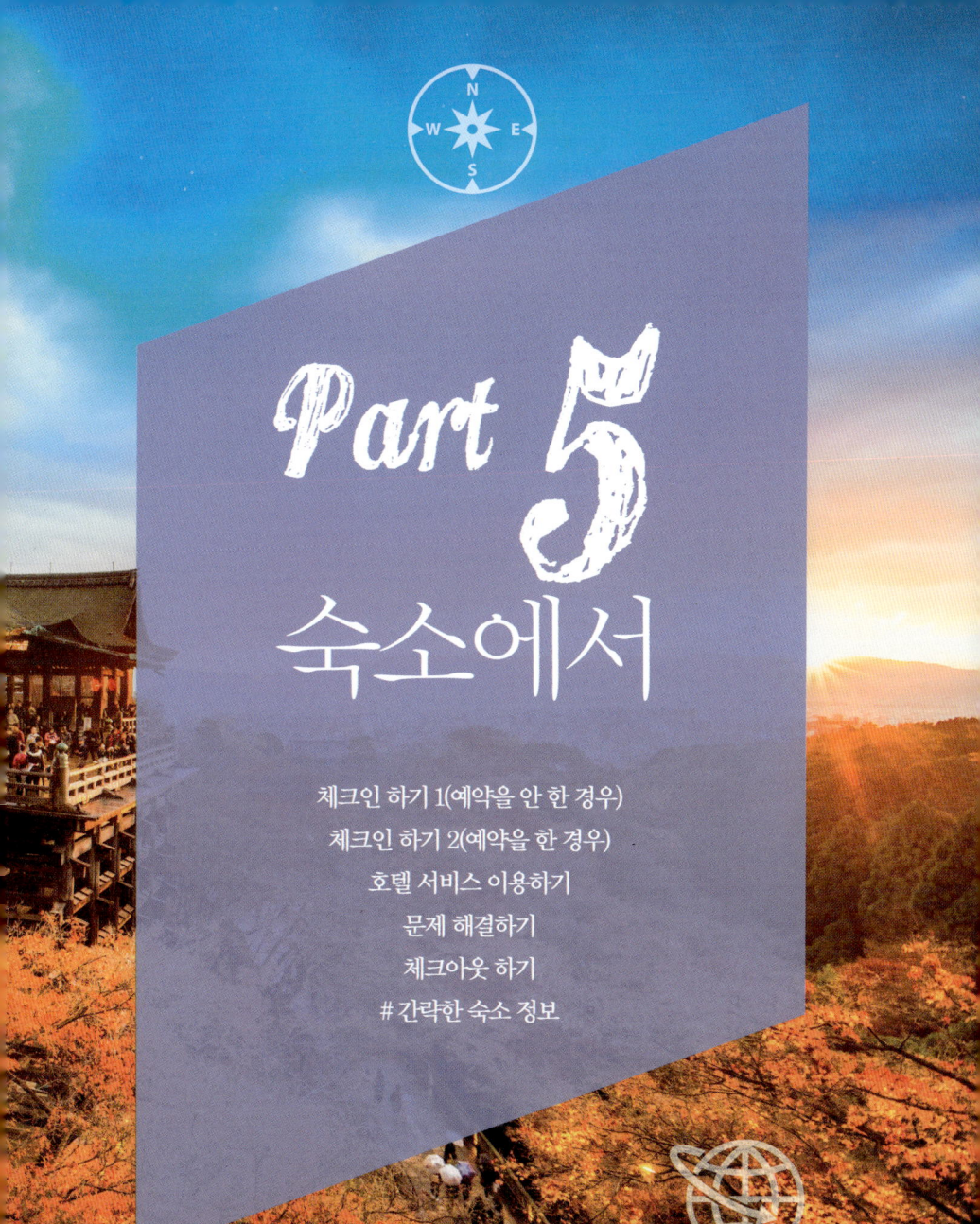

Part 5
숙소에서

체크인 하기 1(예약을 안 한 경우)
체크인 하기 2(예약을 한 경우)
호텔 서비스 이용하기
문제 해결하기
체크아웃 하기
간략한 숙소 정보

체크인 하기 1 (예약을 안 한 경우)
방을 예약하려고 하는데요.

🎧 MP3-33

여행에서 숙소는 비용뿐만 아니라 휴식을 취하는 장소로 큰 비중을 차지한다. 미리 예약하고 가는 것이 가장 좋으나, 혹시나 준비하지 못했다면 공항 안내소에서 추천받거나 당일 예약이 가능한 숙소를 찾으면 된다. 단, 일본 연휴 기간에는 빈방이 없거나 가격이 매우 비쌀 수 있으므로 주의하자!

핵심 표현

헤야오 요야꾸시따인-데스가.

部屋を 予約したいんですが。
へ や　　　よ やく

TIP

일본 숙소 알고 가기 - 호텔

호텔 종류는 특급 호텔부터 비즈니스 호텔까지 다양하다. 시설별 요금 차이 역시 다양하기 때문에 상황과 예산에 맞는 선택이 가능하다.

- **고급 호텔** : 특급 호텔에 뒤지지 않는 객실 및 서비스를 갖추고 있으면서 가격대가 합리적인 것이 장점이다. 주로 4성급에 해당하는 일본 브랜드의 호텔이 많다. .

- **비즈니스 호텔** : 고급 호텔에 비해서 객실이 다소 협소하고 부대시설이나 서비스가 간소하지만 부족함이나 불편함은 없다. 쾌적하면서도 비교적 가격도 저렴해서 출장이 잦은 비즈니스 퍼슨이나 여행객들도 많이 이용한다. 도요코인(東横イン), 선루트호텔(サンルートホテル) 같은 대형 비즈니스 호텔 체인이 일본 전역에 운영 중이며, 대부분 교통편이 편리한 지역에 자리잡고 있다.

- **캡슐 호텔** : 한 사람이 들어가서 누울 수 있는 캡슐 형태의 객실을 저렴하게 제공한다. 욕실, 화장실, 식당 등은 공용으로 사용 가능하다. 여행 비용을 절감하거나 잠만 잘 경우에 이용하는데, 협소해서 불편함을 느낄 수도 있다.

여행 가서 바로 쓰는 문장

한국어 가능한 분이 있나요?	캉-꼬꾸고가 하나세루 히또와 이마스까? 韓国語が 話せる 人は いますか。
예약을 안 했는데요.	요야꾸와 시떼 이나인-데스가. 予約は して いないんですが。
빈방 있나요?	아이떼이루 헤야와 아리마스까? 空いている 部屋は ありますか。
일인실은 1박에 얼마죠?	싱-구루루-무와 입-빠꾸 이꾸라데스까? シングルルームは、一泊 いくらですか。
방안에 욕실은 있나요?	헤야니 오후로와 아리마스까? 部屋に お風呂は ありますか。
식사는 포함되어 있나요?	오쇼꾸지 츠끼데스까? お食事 付きですか。

체크인 하기 2 (예약을 한 경우)
체크인을 하려고 하는데요.

🎧 MP3-34

숙소를 저렴하게 이용하려면 여행을 떠나기 전 미리 검색 후 예약하고 가자. 예약을 하면 대부분의 호텔이 원래 가격에서 할인을 해 준다. 예약 후 특히 호텔의 경우, 현장 지불 시 별도로 15%의 서비스 비용을 추가로 받는 곳이 많으므로 예약할 때와 비용이 다르다고 당황하지 말자. 또한, 비수기를 택하는 것이 좋은데, 성수기와 비수기의 요금 차이가 매우 크기 때문이다. 숙소 예약은 예산에 맞게 인터넷이나 여행사를 통해 하면 된다.

핵심 표현

첵-꾸잉-오 시따이노데스가.
チェックインを したいのですが。

TIP

일본 호텔 알고 가기 - 호텔 외 숙박 업소

일본에는 호텔 외에도 다양한 숙박시설이 있다. 숙소 예약 사이트를 통해 잘 살펴본 후 숙소를 정하도록 하자.

❶ 료칸(旅館)은 온천과 가이세키요리(일본식 전통 코스 요리)를 즐길 수 있는 일본 전통 숙박 시설이다. 가격은 만만치 않지만 성심을 다해 손님을 모신다는 일본식 환대를 일컫는 '오모테나시'를 체험해 볼 수 있다.

❷ 저렴한 숙소를 찾는다면 유스호스텔을 선택하는 방법이 있다. 유스호스텔 회원에 가입하면 회원가격으로 이용할 수 있다.

❸ 방학 동안 대학 내의 기숙사를 일반 손님용으로 개방하는 곳도 있으니 여행지 근처의 대학을 미리 알아보는 것도 좋은 방법이다.

❹ 가격이 저렴한 숙소의 경우, 샤워 등의 부대시설이 어떻게 운영되는지 반드시 미리 확인해야 한다.

여행 가서 바로 쓰는 문장

예약하셨습니까?

고요야꾸와 나사이마시따까?
ご予約は なさいましたか。
よやく

김우진이란 이름으로 예약했어요.

키무・우진 또이우 나마에데 요야꾸시마시따.
キム・ウジンという 名前で 予約しました。
なまえ　　　　よやく

이 카드에 작성해 주세요.

고찌라노 카-도니 고키뉴 쿠다사이.
こちらの カードに ご記入 ください。
きにゅう

카드 키 여기 있습니다.

고찌라가 카-도키-데고자이마스.
こちらが カードキーでございます。

체크아웃은 몇 시인가요?

첵-꾸아우또와 난-지데스까?
チェックアウトは 何時ですか。
なんじ

짐을 방까지 옮겨 주실 수 있나요?

니모쯔오 헤야마데 하콘-데 모라에마스까?
荷物を 部屋まで 運んで もらえますか。
にもつ　へや　　　　はこ

호텔 서비스 이용하기
와이파이 비밀번호가 뭐예요?

🎧 MP3-35

호텔 숙박 시 호텔에서 제공되는 다양한 서비스를 이용해 보자. 일본 호텔은 대부분 객실 내에 비치된 음료, 컵라면 같은 간식거리에도 모두 요금이 있으니 먹기 전에 반드시 확인하고 이용해야 한다. 또한, 일본의 대형 호텔 내에는 헬스클럽, 비즈니스센터, 수영장, 사우나, 식당 등의 시설이 갖추어져 있으며, 환전, 여행, 우체국 업무 등을 대행해 주는 곳도 있다. 혹시 다음 날 아침 일찍 체크아웃 하고 출발해야 하는데, 이때 택시를 타야 한다면 프런트 데스크에 미리 예약해 콜택시를 불러 달라고 요청하자.

핵심 표현

와이화이노 파스와-도오 오시에떼 쿠다사이.
Wi-Fiの パスワードを 教えて ください。
　ワイ　ファイ　　　　　　　　　　　　おし

TIP

호텔 컨시어지(concierge) 서비스

여행지에 익숙하지 않은 여행객의 경우 호텔에서 가장 편하게 도움받을 수 있는 직원으로 '컨시어지'가 있다. 호텔 컨시어지는 고급 호텔 또는 휴양지 호텔에는 일반화된 서비스로, 근처 유명 음식점 예약뿐만 아니라 항공편 예약, 관광지 안내 등 투숙객의 다양한 요구를 들어준다.

※ 참고 호텔에 관한 전반적 문의는 프런트 직원에게 하면 된다.
　 작은 호텔의 경우, 프런트 직원이 컨시어지의 업무를 겸하기도 한다.

여행 가서 바로 쓰는 문장

1001호실인데요.
센-이찌고-시쯔데스가.
１００１号室ですが。
せんいち　ごうしつ

수건을 좀 더 가져다 주세요.
츠이까데 타오루오 못-떼 키떼 모라에마스까?
追加で タオルを 持って 来て もらえますか。
ついか　　　　　　　　　も　　　　き

빨래방이 어디에 있나요?
코인-란-도리-와 도꼬데스까?
コインランドリーは どこですか。

아침 6시에 모닝콜 좀 부탁드려요.
아사로꾸지니 모-닝-구코-루오 오네가이시마스.
朝６時に モーニングコールを お願いします。
あさろくじ　　　　　　　　　　　　　　ねが

공항까지 셔틀버스가 있나요?
쿠-꼬-마데노 소-게-바스와 아리마스까?
空港までの 送迎バスは ありますか。
くうこう　　　　そうげい

택시 좀 불러 주시겠어요?
타꾸시-오 욘-데 모라에마스까?
タクシーを 呼んで もらえますか。
よ

문제 해결하기

에어컨이 고장 난 거 같아요.

🎧 MP3-36

호텔을 이용하다 보면 알게 모르게 필요한 물건이나 다양한 요구 사항들이 생기게 마련이다. 수건이 더 필요하다거나 칫솔, 샴푸, 비누 등이 비치되어 있지 않다거나 에어컨 작동이 안 되는 등의 불편 사항은 호텔 프런트 데스크에 연락하면 직원의 도움을 받을 수 있다.

핵심 표현

에아콩-가 츠까나이노데스가.
エアコンが つかないのですが。

TIP 알아 두면 좋은 호텔 관련 단어

로비- ロビー 로비	캬꾸시쯔 客室 きゃくしつ 객실	히죠-구찌 非常口 ひじょうぐち 비상구
데포짓-또 デポジット 보증금	레-조-꼬 冷蔵庫 れいぞうこ 냉장고	테레비 テレビ 텔레비전
리모콩- リモコン 리모콘	에아콩- エアコン 에어컨	벳-도 ベッド 침대

여행 가서 바로 쓰는 문장

| 인터넷이 안 돼요. | 인-타-넷-또가 츠나가리마셍-.
 インターネットが つながりません。 |

| 뜨거운 물이 안 나와요. | 오유가 데마셍-.
 お湯が 出ません。 |

| 변기가 막혔어요. | 토이레가 츠맛-떼 시맛-딴-데스가.
 トイレが つまって しまったんですが。 |

| 객실 키를 안 가지고 나왔어요. | 루-무키-오 헤야니 오이떼 키떼 시맛-딴-데스가.
 ルームキーを 部屋に 置いて きて しまったんですが。 |

| 누가 좀 와 주시겠어요? | 도나따까 키떼 이따다께마셍-까?
 どなたか 来て いただけませんか。 |

| 바로 담당자를 보내겠습니다. | 이마 오헤야니 탄-또-노모노가 마이리마스.
 いま、お部屋に 担当の者が まいります。 |

체크아웃 하기

지금 체크아웃 할게요.

🎧 MP3-37

일본 호텔의 일반적인 퇴실 시간은 다음 날 오전 11시~12시 사이이다. 입실할 때 퇴실 시간을 프런트에서 미리 확인하고, 시간이 지나면 추가 요금이 얼마나 붙는지 미리 확인해 두는 것이 좋다.

핵심 표현

첵-꾸아우또오 오네가이시마스.
チェックアウトを お願いします。
<small>ねが</small>

TIP

체크아웃 하기 전에 다시 한 번 확인!

- ☑ 짐을 급하게 챙기지 말자! 짐은 전날 최대한 여유를 갖고 정리하는 게 좋으며, 출발하는 당일에 짐을 챙길 시 문제가 생길 수 있다.

- ☐ 빠진 짐은 없는지 다시 한 번 확인하자(특히 여권 소지 여부 및 귀중품 등)!
  예) 러쉬(LUSH)에서 팩을 산 후, 냉장 보관 중이라면 냉장고 안도 다시 보자.

- ☐ 기내 반입이 불가한 물품은 미리 검색 후, 캐리어 안으로 넣자.

- ☐ 공항까지 어떤 교통수단을 이용할지, 시간이 얼마나 걸리는지 다시 한 번 확인하자.

여행 가서 바로 쓰는 문장

체크아웃 시간을 늦출 수가 있나요?	첵−꾸아우또노 지캉−오 엔−쵸−스루 코또와 데끼마스까? チェックアウトの 時間を 延長する ことは できますか。
청구서 내역을 확인해 주세요.	세−큐−쇼노 나이요−오 고카꾸닝−쿠다사이. 請求書の 内容を ご確認ください。
이건 무슨 요금이죠?	코레와 난−노 료−낀−데스까? これは 何の 料金ですか。
계산이 좀 잘못된 것 같아요.	케−상−가 마찌갓−떼이루 요−난−데스가. 計算が 間違っている ようなんですが。
이건 미니바 이용 요금입니다	코찌라와 고리요−이따다이따 미니바−노 료−킨−데스. こちらは ご利用いただいた ミニバーの 料金です。
(체크아웃 후에) 짐을 맡아 줄 수 있나요?	니모쯔오 아즈갓−떼 모라에마셍−까? 荷物を 預かって もらえませんか。

CULTURE
OF JAPAN

＊ 간략한 숙소 정보 ＊

여행자마다 개인이 생각하는 중요도에 따라, 예를 들어 볼거리에 예산을 많이 쓰기로 했다면 저렴한 숙소를 선택할 것이고, 편안한 잠자리를 제일 중요시 여긴다면 비싸더라도 좋은 숙소를 선택할 것이다. 숙소는 여행 예산을 짤 때, 항공권 다음으로 많은 비용이 드는 항목이므로 여행 전에 꼼꼼히 숙소를 알아보자.

특급 호텔

숙박료 예산을 높게 잡았다면 여행에서 또 하나의 추억과 휴식이 될 수 있는 럭셔리 호텔을 선택해 보자. 일본 특유의 친절을 경험할 수 있는 일본 로컬 브랜드의 호텔도 좋은 선택지가 될 수 있다.

★특급 호텔 체인 추천

오쿠라 도쿄
전화 : 81-3-3582-0111
한국어 홈피 : okura.intokyohotels.com/ko/

비즈니스 호텔

숙소, 음식, 관광 어느 것 하나도 포기할 수 없다면, 합리적인 가격과 쾌적한 환경을 제공하는 비즈니스 호텔을 선택해 보자.

★비즈니스 호텔 체인 추천

리츠칼튼 도쿄
전화 : 81-3-3423-8000
홈피 : www.ritzcarlton.com

토요코인(東横イン)
전화 : 홈피에 호텔별 번호가 제공된다.
한국어 홈피 : www.toyoko-inn.com/korea

선루트호텔,(サンルートホテル)
전화 : 81-47-355-1111
한국어 홈피 : ko.sunroute.jp

슈퍼호텔(スーパーホテル)
전화 : 81-3-3642-0011
한국어 홈피 : www.superhoteljapan.com/kr/

유스호스텔

일본을 여행하는 다양한 사람들을 만나고 싶다면, 저렴하면서도 실속 있는 유스호스텔을 선택해 보자.

★유스호스텔 맛보기

도쿄 우에노 유스 호스텔 (東京上野ユースホステル) Tokyo Ueno Youth Hostel
전화 : 81-3-5817-8570
예약 사이트 : www.jyh.or.jp

신오사카 유스 호스텔(新大阪ユースホテル)
Shin Osaka Youth Hostel
전화 : 81-6-6370-5427
예약 사이트 : www.jyh.or.jp

삿포로 국제 유스호스텔(札幌国際ユースホステル) Sapporo Kokusai Youth Hostel
전화 : 81-11-825-3120
예약 사이트 : www.jyh.or.jp

예약은 어디에서 하는 게 좋을까?

일본 유스호스텔연맹 홈페이지(www.jyh.or.jp)에 접속하여 예약하자. 도쿄와 오사카 등의 대도시는 물론 작은 도시까지 전 세계 여행객들에게 숙박 시설을 제공하고 있다.

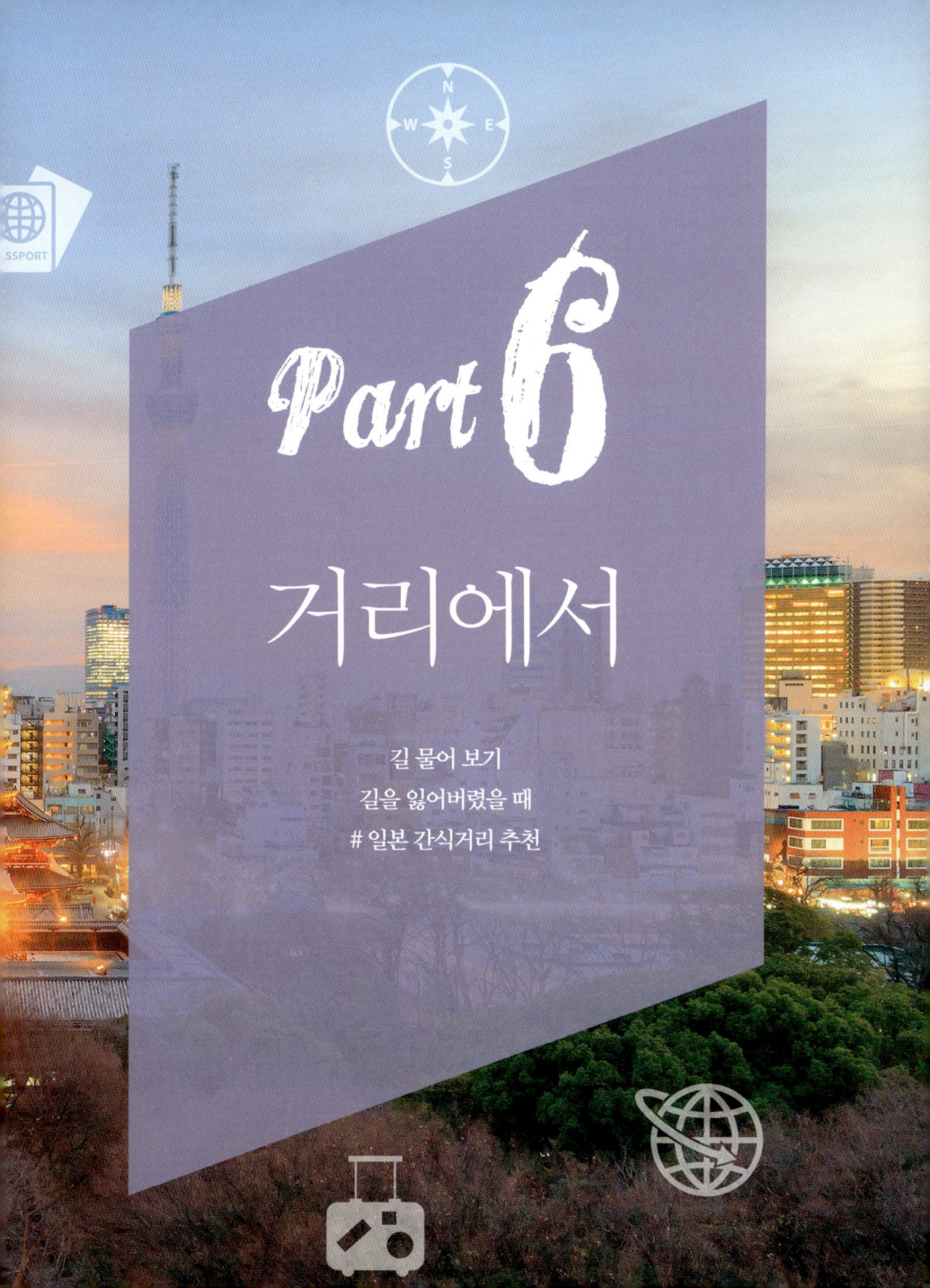

Part 6
거리에서

길 물어 보기
길을 잃어버렸을 때
일본 간식거리 추천

길 물어 보기

여기서 어떻게 가요?

🎧 MP3-38

여행을 하다 보면 지도를 봐도 도무지 가려고 하는 장소를 찾지 못할 때가 있다. 그럴 때 아래 핵심 표현을 사용해 길을 물어 보자.

핵심 표현

코꼬까라 도- 잇-따라 이-데스까?
ここから どう 行ったら いいですか。

TIP 일본 간판 미리보기

일본에 가기 전에 간판 모양과 주요 단어의 뜻만 파악하고 가도, 길을 찾는 데 도움이 된다.

토이레・오떼아라이
トイレ・お手洗てあらい
화장실

치까테쯔
地下鉄 ちかてつ
지하철

코-방-
交番 こうばん
파출소

깅-코-
銀行 ぎんこう
은행

유-빙-쿄꾸
郵便局 ゆうびんきょく
우체국

뵤-잉-
病院 びょういん
병원

여행 가서 바로 쓰는 문장

(메모를 보여 주며)
실례합니다. 여기에 가고 싶은데요.

스미마셍-, 코꼬니 이끼타인-데스가.
すみません、ここに 行きたいんですが。

여기서 얼마나 걸려요?

코꼬까라 도노쿠라이 카까리마스까?
ここから どのくらい かかりますか。

걸어서 5분 정도입니다.

아루이떼 고훙-구라이데스.
歩いて 5分ぐらいです。

어느 방향으로 가야 하나요?

도노 호-코-니 이께바 이-데스까?
どの 方向に 行けば いいですか。

이 길을 곧장 가다 보면
왼편에 있어요.

코꼬오 맛-스구 이꾸또 히다리테니 아리마스.
ここを まっすぐ 行くと 左手に あります。

저기 모퉁이를
우측으로 돌아 가세요.

아소꼬노 카도오 미기니 마갓-떼 쿠다사이.
あそこの 角を 右に 曲がって ください。

길을 잃었어요.

🎧 MP3-39

최근에는 많은 여행객이 길을 찾아 주는 어플을 사용하기 때문에 길을 잃는 경우가 거의 없다. 그러나 현지의 숨은 맛집을 찾아가거나 가끔 어플 지도에도 표시가 되지 않는 경우가 있으므로 그럴 때는 아래의 핵심 표현을 사용해 질문해 보자.

핵심 표현

미찌니 마욧-떼 시맛-따 요-난-데스.
道に 迷って しまった ようなんです。
　みち　　まよ

TIP

방향을 나타내는 표현

길을 물어봐도 일본어를 못하면 알아들을 수 없다. 가기 전에 방향에 관한 표현을 익히고 가자. 그래도 어렵다면 아래 메모장에 약도를 그려 달라고 부탁해 보자.

맛-스구 잇-떼 쿠다사이	미기니 마갓-떼 쿠다사이	히다리니 마갓-떼 쿠다사이
まっすぐ 行って ください 　　　　い	右に 曲がって ください みぎ　ま	左に 曲がって ください ひだり　ま
직진하세요.	우회전하세요.	좌회전하세요.

Memo メモ
ここに 地図を かいてください。　여기에 약도를 그려 주세요.
　　　ちず

여행 가서 바로 쓰는 문장

저, 잠깐 말씀 좀 묻겠는데요.	아노 촛-또 스미마셍-. あの、ちょっと すみません。
(지도를 보여 주며) 지금 있는 곳이 어디죠?	이마 이루 토꼬로와 도꼬데스까? 今 いる ところは どこですか。
(지도를 가리키며) 여기네요.	코꼬데스. ここです。
어디를 찾는데요?	도꼬니 이끼따인-데스까? どこに 行きたいんですか。
여기에 가려고요.	코꼬니 이끼따인-데스. ここに 行きたいんです。
저를 따라 오세요.	와따시노 아또오 츠이떼 키떼 쿠다사이. 私の あとを ついて きて ください。

CULTURE
OF JAPAN

일본 간식거리 추천

일본의 거리를 걷다 보면 다양한 종류의 주전부리 가게들과 마주친다.
출출할 때 잠시 들러 일본의 주전부리를 맛보는 것도 여행의 또다른 즐거움이다.

다코야키(たこ焼き)

일본어로 다코(たこ)는 문어, 야키(焼き)는 구이로 문어를 넣어 구운 것이라는 뜻의 다코야키는 오사카가 원조인 일본 대표 간식거리이다. 동그란 틀에 밀가루 반죽을 붓고 문어 조각, 파, 양배추 등을 넣어 동그랗게 굽는다. 구운 다코야키 위에 다코야키 소스, 마요네즈, 가다랑어포 등을 취향대로 뿌려 먹으면 된다. 다코야키는 우리나라에서도 먹을 수 있지만, 진정한 다코야키의 맛을 본고장에서 직접 만끽해 보자.

고로케(コロッケ)

쇼-뗑-가이(商店街. 상점가)라 불리는 일본의 전통시장에서의 즐거움은 뭐니뭐니해도 먹거리 탐방. 특히 정육점에서 직접 만들어 파는 고로케는 별미이다. 고로케는 서양의 크로켓이 일식화한 것인데, 오랫동안 사랑받고 있는 대표적인 서민 간식으로, 마트에서 팔기도 한다.

고로케 빵은 한끼 식사로도 든든하다.

당고(団子)

일본식 떡꼬치인 당고는 일본 전통 주전부리이다. 우리나라의 경단 같은 동글동글한 떡들을 꼬치에 꿰서 가볍게 구운 후 소스를 바르거나 고명을 얹어 먹는다. 달콤 짭쪼름한 간장 소스 외에도 미소(일본 된장), 콩고물, 팥, 말차, 딸기 등 소스나 토핑이 다양해서 골라 먹는 재미가 쏠쏠하다.

아게만쥬(揚げまんじゅう)

도쿄의 대표적 관광지 아사쿠사(浅草)에 있는 '나카미세도-리(仲見世通り)' 상점가에는 인형 모양의 풀빵 '닌-교-야키(人形焼き)'를 비롯해 다양한 먹거리가 가득해 이곳을 찾는 관광객들의 발길을 붙잡는다. 팥소가 든 만쥬를 기름에 튀겨낸 아게만쥬도 바로 이곳의 인기 주전부리이다. 겉은 바삭, 속은 달콤! 막 튀겨낸 아게만쥬는 그 자리에서 먹는 것이 가장 맛있다.

Part 7
식당에서

자리 문의하기
주문하기
문제 해결하기
계산하기
패스트푸드 주문하기
카페에서 주문하기
술집에서 주문하기
일본 메뉴판 첫걸음

자리 문의하기
얼마나 기다려야 하죠?

🎧 MP3-40

일본으로 여행을 가면 정말 볼 것도 먹을 것도 다양한데, 특히 식도락의 즐거움은 빼놓을 수 없다. 일본의 식당은 파는 음식도 다양하고, 식당에 따라 주문 방법도 조금씩 다르다. 특히 여행객들의 경우 사전에 조사 후, 유명한 식당을 찾게 되는데 인기가 많은 곳은 예약하지 않으면 장시간 기다려야 한다. 이때 아래의 핵심 표현을 사용해 식당 종업원에게 질문해 보자.

핵심 표현

도노 쿠라이 마찌마스까?
どの くらい 待ちますか。
     ま

TIP 식당 예약 연습하기

여행을 가서 현지 예약은 잘 안 하게 되지만 만약의 경우를 대비해 간단한 표현들을 익혀 보자.

내일 저녁 6시에 예약을 하고 싶은데요.
아시따노 고고 로꾸지니 요야꾸오 시따인-데스가.
あしたの 午後6時に 予約を したいんですが。
　　　　ごご ろくじ　　　よやく

몇 분이세요?
남-메-사마데스까?
何名様ですか。
なんめいさま

2명입니다.
후따리데스.
二人です。
ふたり

성함을 부탁드립니다.
오나마에오 오네가이시마스.
お名前を お願いします。
　なまえ　　ねが

식당에서는 숫자 표현이 어렵다면, 손가락으로 표시해 주자!

여행 가서 바로 쓰는 문장

예약은 하셨나요?

고요야꾸와 나사이마시따까?
ご予約は なさいましたか。
よやく

예약은 하지 않았는데요.

요야꾸와 시떼 이나인-데스가.
予約は して いないんですが。
よやく

죄송하지만,
지금 자리가 없네요.

모-시와께아리마셍-. 타다이마 만-세끼데시떼….
申し訳ありません。ただいま 満席でして…。
もう わけ   まんせき

그럼 기다릴게요.

쟈- 마찌마스.
じゃあ、待ちます。
   ま

금연석으로 부탁해요.

킹-엔-세끼데 오네가이시마스.
禁煙席で お願いします。
きんえんせき   ねが

이쪽으로 오세요.

코찌라에 도-조.
こちらへ どうぞ。

주문하기
저기요, 주문할게요!

🎧 MP3-41

음식 주문은 한국과 마찬가지로 종업원에게 원하는 메뉴를 말하거나 주문서에 체크한 후 전달한다. 일본어를 못해도 상관없는데, 손가락으로 메뉴판을 가리키며 '코레 쿠다사이(これ、ください 이것 주세요)'만 말하면 된다. 혹시 메뉴판의 음식이 어떤 맛인지 궁금할 때는 번역 앱을 이용해서 대화를 주고 받도록 하자.

핵심 표현

스미마셍-, 츄-몽- 오네가이시마스.
すみません、注文 お願いします。
ちゅうもん　　ねが

TIP

라멘 주문 미리보기
일본 여행을 가면 꼭 먹어 보는 음식 중 하나가 일본식 생라면인 '라멘(ラーメン)'인데, 국물 종류나 면의 굵기, 고명 등은 기호에 맞춰 선택하면 된다.

① 종류 선택
- 味噌ラーメン 미소라멘
  み そ　　　　　일본식 된장 국물 라면
- 醤油ラーメン 쇼-유라멘
  しょう ゆ　　　　간장으로 국물 맛을 낸 라면
- 豚骨ラーメン 돈-코츠라멘
  とんこつ　　　　돼지 뼈 국물 라면
- 塩ラーメン 시오라멘
  しお　　　　소금으로 간을 맞춘 라면

② 면 굵기 선택
- 太麺 후또멘- 굵은 면
  ふとめん
- 細麺 호소멘- 가는 면
  ほそめん
- かため 카따메 꼬들꼬들함
- やわらかめ 야와라까메 약간 퍼짐

③ 토핑 추가하기
- チャーシュー 챠-슈-
  삶은 돼지고기
- もやし 모야시 숙주나물
- メンマ 멘-마 죽순절임
- ネギ 네기 파
- 煮卵 니타마고 삶은 달걀 조림
  に たまご
- のり 노리 김

여행 가서 바로 쓰는 문장

저기요, 메뉴판 좀 주세요.	스미마셍-, 메뉴-오 오네가이시마스. すみません、メニューを お願いします。
주문하시겠어요?	고츄-몽-와 오키마리데스까? ご注文は お決まりですか。
추천 메뉴가 있나요?	오스스메노 메뉴-와 아리마스까? おすすめの メニューは ありますか。
(메뉴판을 가리키며) 이거랑 이거랑 이걸 주세요.	코레또 코레또 코레오 오네가이시마스. これと これと これを お願いします。
고수는 빼고 주세요.	파꾸찌- 누끼데 오네가이시마스. パクチー 抜きで お願いします。
참치 초밥은 고추냉이 빼고 주실래요?	마구로와 사비누끼니 시떼 모라에마스까? マグロは さび抜きに して もらえますか。

문제 해결하기

주문한 음식이 아직 안 나왔어요.

🎧 MP3-42

식당에서는 자주 예기치 못한 일이 발생한다. 예를 들어 주문한 음식이 안 나오거나 내가 주문했던 음식과 다른 음식이 나올 수 있다. 그럴 때는 당황하지 말고 우선 손을 들고 작은 소리로 '스미마셍-(すみません)'하며 식당 직원을 불러서 물어보자.

핵심 표현

츄-몬-시따 모노가 마다 코나인-데스가.
注文した ものが、まだ 来ないんですが。
ちゅうもん　　　　　　　　こ

일본 식당 문화 살펴보기
- 일본 식당 이용 시 1인당 1메뉴 주문이 기본. 다른 음식을 들고 들어가지 않는 것이 매너!
- 식당에 들어가면 빈자리가 있어도 바로 앉지 말고 직원이 안내할 때까지 입구에서 기다려야 한다.
- 음식 사진을 찍을 때는 다른 사람이 찍히지 않도록 하고, 찍고 싶을 때는 먼저 양해를 구해야 한다. 가게 내부 소품 사진 등을 찍을 경우도 사전 양해가 필수이다.

여행 가서 바로 쓰는 문장

이건 주문한 게 아닌데요.

코레와 츄-몬-시떼 나인-데스가.
これは 注文してないんですが。
ちゅうもん

좀 빨리 가져다 주시겠어요?

촛-또 이소이데 모라에마셍-까?
ちょっと 急いで もらえませんか。
いそ

육수 좀 더 주세요.

스-프오 츠이까시떼 모라에마셍-까?
スープを 追加して もらえませんか。
ついか

자리를 저기로 옮겨도 될까요?

아소꼬노 세끼니 우츳-떼모 이-데스까?
あそこの 席に 移っても いいですか。
せき　　うつ

저기요, 이거 좀 치워 주실래요?

스미마셍-, 코레오 사게떼 모라에마스까?
すみません、これを 下げて もらえますか。
さ

여기요, 앞접시 좀 주실래요?

스미마셍-, 토리자라오 모라에마스까?
すみません、取り皿を もらえますか。
と　　ざら

계산하기
저기요, 계산해 주세요.

🎧 MP3-43

식사 후에는 계산을 해야 하는데, 바로 앉은 자리에서 계산하는 식당도 있다. 대부분 고급 식당에서 이런 경우가 많은데, 금액을 확인하고 돈을 준비해야 하기 때문에 식사가 끝나갈 즈음 종업원에게 계산서를 미리 요청하자. 일본은 신용카드를 받지 않고 현금만 받는 가게가 아직도 많아서 '카-도데모 이-데스까(カードでも いいですか)' 하고, 미리 카드 결제가 가능한지 물어보는 것이 좋다.

핵심 표현

스미사셍-, 오카이께-오 오네가이시마스.

すみません、お会計を お願いします。
　　　　　　かいけい　　　　ねが

TIP

전자화폐 & 간편결제 서비스

일본에서는 현금과 더불어 전자화폐가 결제수단으로 활발하게 이용되고 있다. 일본의 대표적인 전자화폐로는 JR동일본의 '스이카(Suica)'와 일본 최대 전자상거래 업체 라쿠텐이 발행하는 '에디(Edy)'라는 이름의 선불식 전자화폐가 있다. 그 외에도 다양한 종류의 전자화폐가 보급되어 있는데 사용할 수 있는 곳이 지속적으로 늘어나고 있는 추세여서 전자화폐 결제는 더욱 확대될 전망이다.

한편, 간편결제 서비스에서는 네이버의 일본 자회사인 라인의 '라인페이(LINE Pay)'가 사용 가능한 가맹점을 빠르게 늘려 가고 있다.

여행 가서 바로 쓰는 문장

전부 얼마죠?	젬-부데 이꾸라데스까? 全部で いくらですか。
여기는 제가 계산할게요.	코꼬와 와따시가 다시마스. ここは 私が 出します。
카드 사용 가능한가요?	쿠레짓-또카-도와 츠가에마스까? クレジットカードは 使えますか。
계산은 현금만 가능하십니다.	오시하라이와 겡-낀-노미 또낫-떼 오리마스. お支払いは 現金のみ となって おります。
거스름돈을 잘못 준 것 같은데요.	오츠리가 마찌갓-떼이루 요-난-데스가. おつりが 間違っている ようなんですが。
이 금액은 뭐죠?	코레와 난-노 료-킨-데스까? これは、何の 料金ですか。

패스트푸드 주문하기

3번 세트로 1개 주세요.

🎧 MP3-44

일본에서 패스트푸드는 남녀노소를 막론하고 큰 인기를 끌고 있다. 일본으로 여행을 가면 다양한 맛을 내는 패스트푸드 점이 있는데, 그 중 모스버거나 프레시니스버거, 퍼스트 키친, 수프 스톡 등 일본 고유 브랜드의 패스트푸드를 먹어 보는 것도 일본을 즐기는 하나의 좋은 방법이다. 그 외에 일본 편의점의 음식들도 가히 수준급이라 할 수 있다. 즉석 오뎅이나 만두, 빵 등 간식거리가 다양하며, 그 편의점을 대표하는 자체 상품들 역시 수준급이다.

핵심 표현

삼-반-노 셋-또오 히또쯔 쿠다사이.
3番の セットを ひとつ ください。
　ばん

TIP

대표적인 패스트푸드 프랜차이즈

일본에는 다양한 패스트푸드 전문점들이 있는데, 그 중 대표적인 몇 가지를 알아보자.

|  | |  |  |

요시노야
吉野家
よしのや
요시노야

스-푸스톡-꾸
スープストック
수프 스톡

모스바-가-
モスバーガー
모스버거

화-즈토킷-칭-
ファーストキッチン
퍼스트 키친

여행 가서 바로 쓰는 문장

불고기 버거 세트 하나 주세요.	테리야끼바-가- 셋-또오 히또쯔 쿠다사이. テリヤキバーガー セットを ひとつ ください。
음료는 뭐로 하시겠어요?	오노미모노와 나니니 나사이마스까? お飲み物は 何に なさいますか。
콜라로 주세요.	코-라데 오네가이시마스. コーラで お願いします。
여기서 드실 거예요, 가지고 가실 거예요?	고찌라데 메시아가리마스까 오모찌카에리데스까? こちらで 召し上がりますか、お持ち帰りですか。
여기서 먹을게요.	코꼬데 타베마스. ここで 食べます。
가지고 갈게요.	모찌카에리데 오네가이시마스. 持ち帰りで お願いします。

카페에서 주문하기

아이스 아메리카노 한 잔 주세요.

🎧 MP3-45

일본은 커피 원두 수입을 가장 많이 하는 나라 중 하나일 정도로 커피를 마시는 문화가 발달해 있다. 일본에는 전세계 커피 체인점뿐만 아니라 현지의 브랜드 커피숍도 많아서 커피의 다양한 맛을 즐길 수 있다. 일본 커피숍은 오리지널 블렌드 커피인 '브렌—도코—히—(ブレンドコーヒー)'를 제공하는 곳이 많다. 보통 '홋—또코—히—(ホットコーヒー 따뜻한 커피)'를 주문하면 '브렌—도코—히—'가 나온다.

핵심 표현

아이스코-히-오 히또쯔 오네가이시마스.
アイスコーヒーを ひとつ お願いします。
ねが

TIP

카페 메뉴 미리보기

일본은 커피 이름을 영어로 말하면 잘 못 알아듣는 경우가 있으므로 발음을 미리 알고 가는 것이 좋다.

아메리캉-코-히-
アメリカンコーヒー
아메리카노

카훼라떼
カフェラテ
카페라떼

바니라라떼
バニララテ
바닐라라떼

캬라메루마끼아-또
キャラメルマキアート
카라멜마끼아또

맛-챠라떼
抹茶ラテ
まっちゃ
녹차라떼

카훼모까
カフェモカ
카페모카

후라뻬치-노
フラペチーノ
프라프치노

코-챠
紅茶
こうちゃ
홍차

여행 가서 바로 쓰는 문장

따뜻한 커피 한 잔 주세요.
홋-또-코-히 히또쯔 쿠다사이.
ホットコーヒー ひとつ ください。

아이스 카페라떼 두 잔 주세요.
아이스 카훼라떼오 후따쯔 쿠다사이.
アイス カフェラテを ふたつ ください。

S사이즈와 M사이즈가 있습니다만.
에스사이즈또 에무사이즈가 고자이마스가.
Sサイズと Mサイズが ございますが。
エス　　　　エム

M사이즈로 주세요.
에무사이즈데 오네가이시마스.
Mサイズで お願いします。
エム　　　　ねが

(스타벅스에서)
아이스 시그니처 초콜릿을 톨 사이즈로 주세요.
아이스 코꼬아오 토-루사이즈데 오네가이시마스.
アイス ココアを トールサイズで お願いします。
ねが

휘핑크림을 추가해 주세요.
호입-뿌쿠리-무오 츠이까데 오네가이시마스.
ホイップクリームを 追加で お願いします。
ついか　　　ねが

술집에서 주문하기
생맥주 한 잔 주세요.

🎧 MP3-46

하루의 여행 일정을 마치고 출출한 저녁에 배도 채우고 간단히 술도 즐길 만한 곳을 찾는다면 이자카야(居酒屋)를 추천한다. 이자카야는 서민들이 많이 찾는 곳으로 술도 안주도 종류가 다양하고 가격대도 저렴해서 이것저것 맛보기 좋다. 이자카야에서 술을 마실 경우 주문하지 않아도 오토오시(お通し)라는 간단한 안줏거리가 나온다. 그냥 주는 것은 아니고 한 사람당 300~500엔 정도 요금을 받는다. 일종의 자릿값으로 보면 된다.

핵심 표현

나마비-루 히또쯔 오네가이시마스.
生ビール ひとつ お願いします。
なま　　　　　　　ねが

TIP

골라 먹는 재미가 있는 일본의 술

이자카야에서는 다양한 종류의 술을 다양한 방법으로 즐길 수 있다. 일본 소주는 증류수라 도수가 높아 스트레이트로 마시기보다 위스키처럼 물이나 소다수, 우롱차, 주스 등에 섞어 마시는 등 다양한 방법으로 즐긴다.

나마비-루 生ビール なま 생맥주	니혼-슈 日本酒 にほんしゅ 쌀로 빚은 일본 전통주	쇼-츄- 焼酎 しょうちゅう 소주
하이보-루 ハイボール 하이볼	우-롱-하이 ウーロンハイ 소주나 위스키 등에 우롱차를 섞은 것	츄-하이 チューハイ 소주에 탄산과 과즙을 섞은 음료

사이즈는 보통 쇼-(小), 츄-(中), 다이(大)가 있다.

무기쇼-츄-(麦焼酎 보리소주), 이모쇼-츄-(芋焼酎 고구마소주) 등이 있다.

여행 가서 바로 쓰는 문장

생맥주 500 하나 더 주세요.

나마츄- 모- 히또쯔 오네가이시마스.
生中 もう ひとつ お願いします。

병맥주 한 병 주세요.

빙-비-루오 입-뽕- 오네가이시마스.
びんビールを 1本 お願いします。

레드와인 잔으로 주세요.

아까와잉-오 구라스데 오네가이시마스.
赤ワインを グラスで お願いします。

하이볼 한 잔 주세요.

하이보-루오 히또쯔 오네가이시마스.
ハイボールを ひとつ お願いします。

고구마 소주를 온더록으로 주세요.

이모죠-츄-오 록-꾸데 오네가이시마스.
イモ焼酎を ロックで お願いします。

탄산 매실주 주세요.

우메슈노 소-다와리오 오네가이시마스.
梅酒の ソーダ割りを お願いします。

CULTURE OF JAPAN

☆ 일본 메뉴판 첫걸음 ☆

일본에 가서 음식점을 이용할 때 걱정되는 것이 바로 메뉴판이다. 사진 메뉴판이나 한국어 메뉴판이 있으면 주문하기가 수월하겠지만, 그렇지 않은 경우 일본어뿐인 메뉴판과 씨름을 해야 한다. 이럴 때 음식 이름을 미리 알아 두면 자신이 원하는 음식을 쉽게 주문할 수 있다.

● 돈부리(덮밥)

牛丼(규-동-) : 쇠고기 덮밥
ぎゅうどん
豚丼(부타동-) : 돼지고기 덮밥
ぶたどん
カツ丼(카츠동-) : 돈가스 덮밥
　　どん
天丼(텐-동-) : 튀김 덮밥
てんどん
親子丼(오야코동-) : 닭고기와 계란 덮밥
おや こ どん
鰻丼(우나동-) : 장어 덮밥
うなどん
マグロ丼(마구로동-) : 참치 덮밥
　　　どん
鮭丼(사케동-) : 연어 덮밥
さけどん
いくら丼(이쿠라동-) : 연어알 덮밥
　　　どん
鮭親子丼(사케오야코동-) : 연어와 연어알 덮밥
さけおや こ どん
海鮮丼(카이센-동) : 해물 덮밥
かいせんどん

돈부리는 밥에 얹은 음식 재료에 따라 이름이 달라진다.

● 우동

かけうどん(카케우동-) : 면에 따끈한 장국을 부어 먹는 우동
ぶっかけうどん(붓-카케우동-) : 츠유(진한 맛장국)를 자작하게 부어 먹는 우동
釜揚げうどん(카마아게우동-) : 삶은 물에 담겨 나온 뜨거운 면을 츠유에 찍어 먹는 우동
かま あ
釜玉うどん(카마타마우동-) : 카마아게 우동 면을 날달걀과 섞은 우동.
かまたま
ざるうどん(자루우동-) : 채반에 건진 차가운 면을 츠유에 찍어 먹는 우동

만드는 법과 고명에 따라 종류가 무척 다양하다.

+고명에 따라 선택하기!

きつねうどん(키츠네우동-) : 유부 우동
たぬきうどん(타누키우동-) : 튀김 부스러기 우동
天ぷらうどん(템-뿌라우동-) : 튀김 우동
カレーうどん(카레-우동-) : 카레 우동
肉うどん(니꾸우동-) : 고기 우동

• 스시(초밥)

握り寿司(니기리즈시) : 우리가 흔히 알고 있는 초밥
押し寿司(오시즈시) : 틀에 밥과 재료를 넣어 누른 초밥
巻き寿司(마키즈시) : 김말이 초밥
手巻き寿司(테마끼즈시) : 원뿔 모양의 김말이 초밥
軍艦巻き(궁-깜-마끼) : 김으로 둘러싼 밥에 재료를 얹은 초밥
ちらし寿司(치라시즈시) : 일본식 회덮밥
いなり寿司(이나리즈시) : 유부 초밥

*녹차나 가리(생강 초절임)로 입가심을 하면서 먹으면 각 재료 고유의 맛을 느낄 수 있다.

+재료(ネタ. 네타) 선택하기!

タイ(鯛. 타이) : 돔
えんがわ(엥-가와) : 광어 지느러미
カンパチ(캄-파치) : 잿방어
ネギトロ(네기토로) : 다진 참치와 파
コハダ(코하다) : 전어
イワシ(鰯. 이와시) : 정어리
たこ(타코) : 문어
とびこ(飛子. 토비코) : 날치알
てっかまき(鉄火巻. 텍-까마끼) : 참치 김말이 초밥

ヒラメ(히라메) : 광어
ハマチ(하마치) : 새끼 방어
マグロ(鮪. 마구로) : 참치
サバ(鯖. 사바) : 고등어
アジ(鯵. 아지) : 전갱이
ウニ(우니) : 성게알
イクラ(이쿠라) : 연어알
かっぱまき(캅-빠마끼) : 오이 김말이 초밥

*담백한 맛부터 진한 맛, 색깔로 치면 흰살, 붉은살, 등푸른 생선 순으로 먹는 게 이상적이다.

Part 8
관광할 때

관광 안내소에 문의하기
관광 명소 구경하기
사진 찍기
공연 관람하기
온천 이용하기
일본 볼거리 즐기기

관광 안내소에 문의하기

관광 안내소는 어디에 있나요?

🎧 MP3-47

관광 안내소는 시내 곳곳에서 찾아볼 수 있는데, 여행객들을 위한 다양한 서비스를 제공하고 있다. 무료 관광 안내서를 제공할 뿐만 아니라 현지 관광 상품 판매, 교통 노선에 대한 정보 제공, 숙박 장소 예약 및 식당 추천까지 가능하다. 여행 전 관광할 곳에 대한 계획을 제대로 세우지 못했다거나 목적지까지 가는 방법이 헷갈릴 경우, 관광 안내소를 이용해 보는 것도 좋은 방법이다.

핵심 표현

캉-꼬-안-나이쇼와 도꼬데스까?

観光案内所は どこですか。
かんこうあんないしょ

TIP

관광하기 전 주의 사항

- 단체 여행 시에는 개인 행동을 삼가고, 길을 잃지 않게 가이드의 말에 귀기울여야 한다.
- 현금은 분산시켜서 휴대하고 다니는 것이 비교적 안전하고, 소매치기에 주의하자.
- 지갑이나 여권, 카메라, 휴대폰 등의 귀중품은 특별히 신경 써서 관리하자.

여행 가서 바로 쓰는 문장

| 관광 지도를 받을 수 있을까요? | 캉-꼬-치즈오 모라에마스까?
 観光地図を もらえますか。
_{かんこうちず} |

| 한국어로 된 여행 가이드북 있나요? | 캉-꼬꾸고노 팡-후렛-또와 아리마스까?
 韓国語の パンフレットは ありますか。
_{かんこくご} |

| 가 볼 만한 곳을 알려 주세요. | 오스스메노 캉-꼬-스폿-또오 오시에떼 쿠다사이.
 おすすめの 観光スポットを 教えて ください。
_{かんこう} _{おし} |

| 여기서 걸어서 갈 수 있나요? | 코꼬까라 아루이떼 이께마스까?
 ここから 歩いて 行けますか。
_{ある} _い |

| 왕복으로 얼마나 걸리나요? | 오-후꾸데 도노구라이 카까리마스까?
 往復で どのぐらい かかりますか。
_{おうふく} |

| 투어를 신청하고 싶은데요. | 츠아-오 모-시꼬미따인-데스가.
 ツアーを 申し込みたいんですが。
_{もう こ} |

관광 명소 구경하기

입장권은 어디에서 사요?

🎧 MP3-48

관광에 나서기 전, 문화유적지나 박물관, 기념관, 극장 등의 쉬는 날과 개관, 폐관 시간을 미리 알아 두어 일정에 차질이 없도록 하자. 그리고 일본은 입장료가 비싼 편이므로 생각보다 여행 예산에서 많은 비중을 차지하게 된다. 따라서 이를 염두에 두어 낭패 보는 일이 없도록 해야 한다.

핵심 표현

뉴-죠-켕-와 도꼬데 카에마스까?

入場券は どこで 買えますか。
にゅうじょうけん   か

초간단 대표 관광명소 추천

- 도쿄 : 도쿄 타워, 도쿄돔, 스카이트리, 오다이바, 도쿄 국제전시장, 우에노 공원
- 오사카 : 난바, 도톤보리, 오사카성, 유니버설 스튜디오 재팬, 오사카 역사박물관

도쿄타워

오다이바

도톤보리

오사카성

여행 가서 바로 쓰는 문장

입장료는 얼마예요?
뉴-죠-료-와 이꾸라데스까?
入場料は いくらですか。
にゅうじょうりょう

입장권이 없으면 들어갈 수 없나요?
뉴-죠-껭-가 나이또 뉴-죠- 데끼마셍-까?
入場券が ないと 入場 できませんか。
にゅうじょうけん　　　　　　にゅうじょう

학생 할인 되나요?
가꾸와리가 키끼마스까?
学割が ききますか。
がくわり

몇 시까지 해요?
난-지마데 데스까?
何時まで ですか。
なんじ

팸플릿이 있나요?
팡-후렛-또와 아리마스까?
パンフレットは ありますか。

기념품을 파는 곳이 있나요?
오미야게야상-와 아리마스까?
お土産屋さんは ありますか。
みやげ や

사진 찍기

사진 좀 찍어 주시겠어요?

🎧 MP3-49

관광지에 가면 사진은 필수! 혼자 여행 중인 경우에 주로 셀카봉을 이용하여 찍게 되겠지만, 사진 찍기 난감한 경우나 같이 간 일행과 다 같이 나온 사진을 찍고 싶을 때, 아래 핵심 표현을 사용해 사진 촬영을 요청해 보자. 참고로 일본인들 중에서는 배경으로 본인이 나오는 것을 꺼리는 경우가 있다. 예를 들어 기모노를 입은 사람과 함께 사진을 찍고 싶은 경우에는 반드시 사전 동의를 얻은 후에 사진 촬영을 해야 한다.

핵심 표현

샤싱-오 톳-떼 모라에마셍-까?
写真を 撮って もらえませんか。
しゃしん　　と

TIP  각종 주의 표지 알고 가기

타찌이리킨-시
立ち入り禁止
た　　い　　きんし
출입 금지

키쯔엥-킨-시
喫煙禁止
きつえんきんし
흡연 금지

샤쯔에-킨-시
撮影禁止
さつえいきんし
촬영 금지

테오후레나이데쿠다사이
手を触れないでください
て　　ふ
손대지 마세요

여행 가서 바로 쓰는 문장

여기에서 사진 찍어도 되나요?

코꼬데 샤싱-오 톳-떼모 이-데스까?
ここで 写真を 撮っても いいですか。

여기는 촬영 금지 구역입니다.

코꼬와 사쯔에-킨-시데스.
ここは 撮影禁止です。

제가 사진 찍어 드릴까요?

샤싱-오 오토리 시마쇼-까?
写真を お撮り しましょうか。

이 버튼을 누르면 돼요.

코노 보탕-오 오시떼 쿠다사이.
この ボタンを 押して ください。

하나, 둘, 셋, 치즈!

하이 치-즈!
はい、チーズ！

한 장 더 찍어 주실래요?

모- 이찌마이 오네가이 데끼마스까?
もう 一枚、お願い できますか。

공연 관람하기
내일 저녁 공연 표를 사고 싶은데요.

🎧 MP3-50

일본에 가면 명승지뿐만 아니라 가부키, 분라쿠 등 일본 전통 예능도 대표 볼거리 중 하나이다. 공연을 관람할 계획이 있다면 여행 일정을 짜기 전에 공연 일정을 미리 확인하는 것이 좋으며, 미리 예약 후에 가면 할인을 받거나 원하는 좌석에 앉을 수 있다. 하지만 부득이한 사정으로 예약하지 못했다면, 아래 핵심 표현을 사용해 표를 구매해 보자.

핵심 표현

아시따노 요루노 치켓-또오 카이따인-데스가.

明日の 夜の チケットを 買いたいんですが。
あした　　よる　　　　　　　　か

TIP

가부키와 분라쿠

가부키나 분라쿠는 색다른 재미와 일본 문화의 진수를 함께 맛볼 수 있으므로, 관람할 기회가 있다면 놓치지 말자!

• **가부키(歌舞伎)**
일본이 세계에 자랑하는 전통 예능. 화려한 의상과 독특한 분장, 특유의 무대장치 등 풍성한 볼거리를 제공한다. 아무래도 외국인 입장에서는 내용이 생소하고 어렵게 느껴질 수 있지만, 관람하기 전에 미리 줄거리 정도만 알고 가도 관람에 큰 도움이 된다.

• **분라쿠(文楽)**
가부키와 함께 일본 3대 전통예능으로 꼽히는 고전 인형극. 분라쿠에서는 하나의 인형을 삼인 일조, 세 사람이 호흡을 맞춰 조종한다. 희로애락의 미묘한 감정까지 고스란히 드러나는 섬세한 얼굴 표정, 아름답고 정교하면서도 역동적인 움직임은 감탄을 자아낸다.

여행 가서 바로 쓰는 문장

7시 공연 티켓 한 장 주세요.	시찌지노 코-엔-노 치켓-또오 이찌마이 쿠다사이. 7時の 公演の チケットを 1枚 ください。
무대와 가까운 좌석으로 주세요.	부따이니 치까이 세끼오 오네가이시마스. 舞台に 近い 席を お願いします。
전부 매진됐습니다.	치켓-또와 캄-바이 시마시따. チケットは 完売 しました。
영어 자막이 나오나요?	에-고노 지마꾸와 츠이떼 이마스까? 英語の 字幕は ついて いますか。
공연 시작은 몇 시부터예요?	카이엔-와 난-지까라데스까? 開演は 何時からですか。
휴대폰의 전원은 꺼 주십시오.	케-타이뎅-와노 뎅-겡-오 오키리쿠다사이. 携帯電話の 電源を お切りください。

온천 이용하기
온천만 이용할 수 있나요?

🎧 MP3-51

일본은 온천의 나라답게 어느 지역을 가나 온천욕을 즐길 수 있다. 온천 료칸에 숙박하지 않아도 당일치기로 온천탕을 이용할 수 있고, 온천지에 가면 무료 족욕탕도 쉽게 찾아볼 수 있다. 또한 유명한 온천지뿐 아니라 도심 속에서 즐길 수 있는 온천도 있으니, 여행 중에 잠시 들러 온천욕을 하며 여독을 풀어 보자. 온천 후 출출한 배를 색다른 온천 주전부리로 달래는 것도 좋다.

핵심 표현

온-센-다께노 리요-모 카노-데스까?
温泉だけの 利用も 可能ですか。
おんせん　　　　りよう　　かのう

TIP

일본 온천 대표 주전부리

- **온천 만쥬** (온-센-만-쥬- 温泉まんじゅう)
온천 간식거리 하면 뭐니 뭐니 해도 빼놓을 수 없는 것이 달콤한 팥소를 가득 품은 온천 만쥬다. 가게에서 바로 맛보는 갓 쪄낸 따끈따끈하고 말랑말랑한 온천 만쥬는 별미다. 가게마다 만드는 방법도 맛도 다르니 비교해 보면서 먹는 것도 재미가 있다.

- **온천 달걀** (온-센-타마고 温泉卵)
온천수에 익힌 온천 달걀은 부드러운 맛이 일품이다. 하코네(箱根) 온천의 볼거리 중 하나인 유황 온천 계곡 오와쿠다니(大涌谷)에 가면 '구로타마고(黒卵)'를 먹어 보자. 유황 성분 탓에 껍데기가 까맣게 변한 온천 달걀은 한 개 먹을 때마다 수명이 7년씩 늘어난다는 속설이 있다.

- **온천 사이다** (온-센-사이다- 温泉サイダー)
톡 쏘는 청량감이 풍부한 온천 사이다는 온천 후 마시기 좋다. 일본 사이다의 효시로 알려진 아리마(有馬) 온천의 아리마 사이다를 비롯해 구사츠(草津) 온천, 유후인(湯布院) 온천 등 유명 온천지에서 지역 특산 사이다를 즐길 수 있다.

여행 가서 바로 쓰는 문장

| 입욕료는 얼마예요? | 뉴－요꾸료－와 이꾸라데스까?
入浴料は いくらですか。
_{にゅうよくりょう} |

| 수건은 대여할 수 있나요? | 타오루오 카리루 코또가 데끼마스까?
タオルを 借りる ことが できますか。
_か |

| 귀중품을 맡길 수 있나요? | 키쵸－힝－와 아즈께라레마스까?
貴重品は 預けられますか。
_{きちょうひん　あず} |

| 대욕탕은 어디에 있나요? | 다이요꾸죠－와 도꼬데스까?
大浴場は どこですか。
_{だいよくじょう} |

| 여탕 입구가 어디죠? | 온－나유노 이리구찌와 도꼬데스까?.
女湯の 入り口は どこですか。
_{おんなゆ　い　ぐち} |

| 근처에 족욕할 수 있는 곳이 있나요? | 코노 치까꾸니 아시유가 데끼루 바쇼와 아리마스까?
この 近くに 足湯が できる 場所は あリますか。
_{ちか　あしゆ　　　　　　ばしょ} |

CULTURE OF JAPAN

일본 볼거리 즐기기

가부키의 전당! 가부키좌(歌舞伎座)

가부키(歌舞伎)는 서민에게 사랑받는 전통 예능으로서, 노래와 춤, 연기가 적절하게 배합된 공연 예술이다. 일본의 공연 예술로는 가장 인기가 있으며 2008년에 유네스코 세계무형유산으로 지정되었다. 가부키를 관람하려면 도쿄 긴자에 위치한 가부키 전용 극장인 가부키좌에 가면 된다. 당일 공연 중 1막만을 선택하여 관람할 수 있는 1막 전용 관람석인 '히토마쿠미세키(一幕見席)'가 있어, 짧은 시간에 부담 없는 가격으로 가부키를 즐길 수 있다. 당일 티켓으로 정면 현관 왼쪽 매표소에서 각 막 별로 정해진 시간에 판매한다.

국립분라쿠극장(国立文楽劇場)

분라쿠(文楽)는 인형극이다. 1~1.5m 크기의 인형을 세 사람이 조정하여 극을 전개한다. 노래로 이야기하는 사람, 이야기에 맞춰 샤미센(三味線. 3현 악기)을 연주하는 사람, 그리고 인형의 세 요소로 이루어진다. 오사카 시 주오 구 니혼바시에 있는 분라쿠 전용 극장인 이곳에 가면 관람할 수 있다. 오사카의 관광 명소인 도톤보리와도 가깝다. 1984년에 지어졌고 약 750석의 분라쿠 극장과 약 160석의 소극장이 있다. 또 실제 공연에 쓰이는 분라쿠 인형과 샤미센 등의 전시실을 무료로 관람할 수 있다.

국립노가쿠당(国立能楽堂)

노(能)는 가부키, 분라쿠와 더불어 일본의 3대 전통 예능으로 통한다. 이야기 전개보다는 배우가 연기하는 양식미에 무게가 실리는 극으로 평가받는다. 과거에는 서민보다 귀족 계급에서 인기가 있던 예능으로 꼽힌다. 도쿄 센다가야에 위치한 이 노가쿠당은 600여 석 규모로 자리의 위치에 따라 3,000엔~5,000엔이면 관람이 가능하다. 또 열람실을 갖추고 있어서 유료 혹은 무료 열람이 가능하고, 공연을 관람하는 사람에게 자료 전시실을 무료로 개방하기도 한다.

기온코너(祇園コーナー)

교토 기온에 있는 야사카회관(弥栄会館)의 기온 코너에서는 마이코(舞妓)가 선보이는 교마이(京舞) 춤부터 다도, 꽃꽂이, 거문고, 아악, 일본의 전통 희극 교겐(狂言), 전통 인형극 분라쿠까지 7가지 전통 예능을 감상할 수 있다. 공연 시간은 약 50분.

다카라즈카대극장(宝塚大劇場)

일본의 여성 가극단으로 유명한 다카라즈카는 100년이 넘는 전통을 가진 가극단으로 특유의 화려함, 다양한 볼거리를 두루 갖춘 쇼 뮤지컬을 선보인다. 다카라즈카대극장은 가극단의 본거지이기도 한 효고현 다카라즈카 시에 있는 이들의 전용 공연장이다. 팬층이 두터운 만큼 매 공연 만석을 이룬다.

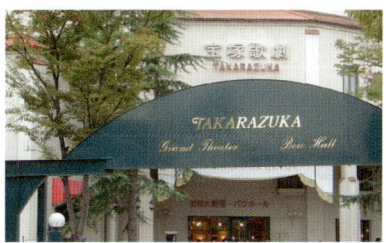

아이아2.5시어터 도쿄(AiiA 2.5 Theater Tokyo)

2015년에 오픈한 도쿄 시부야에 있는 2.5차원 뮤지컬 전용 극장. 인기 만화나 애니메이션 등 2차원 작품을 3차원인 무대 작품으로 충실하게 재현하는 2.5뮤지컬은 좋아하는 캐릭터를 현실 세계에서 만나볼 수 있는 즐거움을 선사한다.

Part 9
쇼핑할 때

쇼핑 관련 질문하기
옷 구매하기
신발 구매하기
슈퍼마켓에서
계산하기
교환 및 환불하기
일본 슈퍼마켓에서는 뭘 살까?

쇼핑 관련 질문하기
일용품 매장은 어디예요?

🎧 MP3-52

일본도 한국과 마찬가지로 백화점, 쇼핑몰, 드러그스토어, 전자제품 매장, 생활잡화점 등 다양한 쇼핑 시설이 있으며, 특히 드러그스토어는 알뜰한 실속파 여행자들이 즐겨 찾는 쇼핑 코스 중 하나다. 말이 드러그스토어지 일반의약품과 건강보조식품뿐만 아니라 화장품, 일용품, 식료품 등 다양한 상품을 정가보다 저렴하게 구매할 수 있어 인기가 높다. 일본에서만 구매할 수 있는 아이템들이 즐비해 아이쇼핑을 하는 재미도 있다.

핵심 표현

니찌요-힝-우리바와 도꼬데스까?
日用品売場は どこですか。
にちようひんうり ば

TIP 매장 미리 보기

드러그스토어	동-·끼호-떼 ドン・キホーテ 돈키호테	마쯔모또키요시 マツモトキヨシ 마츠모토 키요시	산-도락-구 サンドラッグ 선드럭	다이꼬꾸도락-구 ダイコクドラッグ 다이코쿠드러그
전자제품	야마다뎅-끼 라비 ヤマダ電機 LABI でんき 야마다덴키 라비		요도바시카메라 ヨドバシカメラ 요도바시카메라	빅-꾸카메라 ビックカメラ 비쿠카메라
생활잡화	토-큐-한-즈 東急ハンズ とうきゅう 도큐핸즈		무지루시료-힝- 無印良品 むじるしりょうひん 무인양품	로후또 ロフト 로프트

여행 가서 바로 쓰는 문장

뭐 찾으시는 거 있으세요?
나니까 오사가시 데스까?
何か お探しですか。

그냥 구경 좀 하려구요.
미떼루 다께데스.
見てる だけです。

편하게 둘러 보세요.
도-조 고육-꾸리 고랑-쿠다사이.
どうぞ ごゆっくり ご覧ください。

여행 선물을 사려고 하는데요.
오미야게오 카이따인-데스가.
お土産を 買いたいんですが。

어느 게 잘 팔려요?
도레가 닝-끼데스까?
どれが 人気ですか。

이건 어떠세요?
코찌라와 이까가데스까?
こちらは いかがですか。

옷 구매하기

입어 봐도 돼요?

🎧 MP3-53

도쿄, 오사카와 같은 대도시는 대형 여성 패션 쇼핑몰, 개성 넘치는 여성 패션 상점들이 곳곳에 즐비하다. 패션 피플들에게는 가히 쇼핑 천국이라 불릴 만하다. 일본에서 옷을 구입하는 경우 일본 옷 사이즈 표기가 한국과 다르니 유의하자. 예를 들어 일본 사이즈 L은 한국 사이즈 M에 해당하므로 본인 사이즈가 M이라면 한 치수 큰 L을 고르면 된다. 하지만 표기된 사이즈가 같아도 브랜드에 따라 크기에 차이가 있을 수 있으니 직접 입어 보는 것이 좋다.

핵심 표현

시챠꾸시떼모 이-데스까?

試着しても いいですか。
　し ちゃく

다양한 색깔

아카・렛-도
赤・レッド
あか
빨간색

오렌지
オレンジ
주황색

키이로・이에로-
黄色・イエロー
きいろ
노란색

미도리
緑
みどり
초록색

아오・부루-
青・ブルー
あお
파란색

무라사키이로
紫色
むらさきいろ
보라색

핑-꾸・모모이로
ピンク・桃色
ももいろ
분홍색

시로・호와이또
白・ホワイト
しろ
흰색

쿠로・부락-꾸
黒・ブラック
くろ
검은색

구레-
グレー
회색

베-쥬
ベージュ
베이지색

챠이로・부라웅-
茶色・ブラウン
ちゃいろ
갈색

여행 가서 바로 쓰는 문장

원피스를 사려고 하는데요.

왐-피-스가 호시인-데스가.
ワンピースが ほしいんですが。

S사이즈 주세요.

에스사이즈오 오네가이시마스.
Sサイズを お願いします。

탈의실이 어디예요?

시챠꾸시쯔와 도꼬데스까?
試着室は どこですか。

좀 작아요.

촛-또 치이사이데스.
ちょっと 小さいです。

다른 사이즈를 드려 볼까요?

호까노 사이즈오 오모찌 시마쇼-까?
ほかの サイズを お持ち しましょうか。

다른 색상 있나요?

호까노 이로와 아리마스까?
ほかの 色は ありますか。

Part 9 쇼핑할 때

신발 구매하기

신어 봐도 돼요?

🎧 MP3-54

일본에서 신발을 구입할 경우 사이즈가 우리나라의 표기와 달라 당혹스러울 수 있다. 우리나라에서는 신발 사이즈를 밀리미터(mm)로 표기하지만 일본에서는 센티(cm)로 표기한다. 예를 들어 본인 발 치수가 230이라면 23(니쥬-상-), 235라면 23.5(니쥬-산-뗑-고), 240이라면 24(니쥬-용-)이 된다. 신발은 직접 착용해 보는 것이 가장 정확하다. 그래도 여러 번 갈아 신는 수고를 하지 않으려면 미리 본인의 사이즈를 알아 가면 좋다.

핵심 표현

하이떼 미떼모 이-데스까.
履いて みても いいですか。
は

TIP 다양한 신발

스니-까-
スニーカー
스니커

하이히-루
ハイヒール
하이힐

산-다루
サンダル
샌들

팜-푸스
パンプス
펌프스

부-츠
ブーツ
부츠

후랏-또슈-즈
フラットシューズ
플랫슈즈

여행 가서 바로 쓰는 문장

신발 사이즈가 어떻게 되세요?

아시노 사이즈와 이꾸쯔데스까?
足の サイズは いくつですか。
あし

230입니다.

니쥬-산-데스.
２３です。
にじゅうさん

앞쪽이 좀 껴요.

츠마사끼가 춋-또 키쯔인-데스가.
つま先が ちょっと きついんですが。
さき

굽이 너무 높네요.

히-루가 타까스기마스.
ヒールが 高すぎます。
たか

저 신발을 보여 주실래요?

아노 쿠쯔오 미세떼 쿠레마셍-까?
あの 靴を 見せて くれませんか。
くつ　 み

어느 게 더 어울려요?

도찌라가 니앗-떼 이마스까?
どちらが 似合って いますか。
に あ

슈퍼마켓에서

맛봐도 되나요?

🎧 MP3-55

외국에서 시장에 가 보면 현지인들의 자연스러운 생활상을 엿볼 수 있는데, 요즘엔 시장보다 깔끔하고 세련된 쇼핑몰을 더 선호하는 사람이 많다. 일본 시장에 가면 시장 특유의 정겨움과 활기가 가득하며 시장 사람들과 대화하고 흥정하는 재미도 느낄 수 있다. 만약 시장이 불편하다면 현지인들이 즐겨 찾는 슈퍼마켓에 들러 보길 권한다. 우리나라와 비슷하면서도 다른 일본의 슈퍼마켓에서 색다른 쇼핑을 즐겨 보자.

핵심 표현

타베떼 미떼모 이-데스까?

食べてみても いいですか。
　た

TIP 다양한 먹거리!

대부분의 슈퍼마켓에서는 도시락 코너를 운영한다. 도시락 강국 일본답게 다양한 종류의 도시락을 합리적인 가격대에 판매하고 있어 여행 중 간단하게 식사를 해결하기에 좋다. 저녁에는 20~30% 정도의 할인 딱지가 붙다가 반값(半額) 할인하는 품목도 준비하므로 하루 일정을 마치고 숙소로 돌아가는 길에 들러 보자.

사시미모리아와세
刺身盛り合わせ
さしみ　も　　あ
모듬회

니기리즈시
握りずし
にぎ
생선초밥

카이센-동-
海鮮丼
かいせんどん
해산물 덮밥

샤케벤-또-
シャケ弁当
　　　べんとう
연어구이도시락

스부따벤-또-
酢豚弁当
すぶたべんとう
탕수육 도시락

치킹-카츠벤-또-
チキンカツ弁当
　　　　　べんとう
치킨가스 도시락

여행 가서 바로 쓰는 문장

쇼핑 카트는 어디에 있어요?	카-또와 도꼬니 아리마스까? カートは どこに ありますか。
식품 매장이 어디인가요?	쇼꾸힝-우리바와 도꼬데스까? 食品売場は どこですか。 しょくひんうり ば
고형카레는 어디에 있어요?	카레-루-와 도꼬니 아리마스까? カレールーは どこに ありますか。
(사진을 보여 주며) 이 상품을 찾고 있는데요.	코레오 사가시떼 이룬-데스가. これを 探しているんですが。 さが
현재 품절입니다.	타다이마 우리키레(시나기레) 또낫-떼 오리마스. ただいま 売り切れ(品切れ) となっております。 う き しなぎ
이것도 세일하나요?	코레모 세-루힌-데스까? これも、セール品ですか。 ひん

계산하기
면세가 적용되나요?

🎧 MP3-56

한국과 마찬가지로 일본에서도 백화점이나 쇼핑몰 등 정찰제로 판매되는 곳에서 가격 흥정을 하는 경우는 없다. 다만 봄 세일과 여름 세일, 연말연시 세일과 같이 할인폭이 큰 정기 세일 기간을 이용하면 알뜰 쇼핑을 즐길 수 있다. 드러그스토어는 정찰제가 아니기 때문에 드러그스토어 별로 가격 차이가 날 뿐만 아니라 같은 체인조차 매장 별로 가격이 다르니 주의하자. 알뜰 쇼핑을 위해서는 두세 군데 둘러본 다음 가격을 비교해 보고 구입하는 것이 좋다.

핵심 표현

멘−제−데 카우 코또와 데끼마스까?
免税で 買う ことは できますか。
   めんぜい   か

TIP

면세 혜택 받기!

일본은 구매품에 소비세를 별도로 부과하고 있는데, 단기 체류하는 외국인 여행자를 대상으로 소비세를 면세해 주는 제도가 시행되고 있다. 단, 모든 곳에서 면세되는 것은 아니다. 면세 가능한 매장에는 텍스 프리 마크가 붙어 있다. 1일 1점포에서 5000엔 이상(세금 별도) 구매했을 때 소비세 면세 혜택을 받을 수 있다. 여권을 지참하고 점포마다 비치된 면세 전용 계산대를 이용하면 된다. 면세 적용을 받은 물품은 밀봉 포장된 상태로 출국 때까지 뜯지 말아야 한다.
면세 적용 범위 등 때에 따라 내용이 개정되고 있으니 혜택을 놓치지 않도록 꼼꼼히 확인하는 것이 좋다.

여행 가서 바로 쓰는 문장

계산은 어디서 해요?

레지와 도꼬데스까?
レジは どこですか。

소비세가 포함된 가격인가요?

제-꼬미노 킹-가꾸데스까?
税込みの 金額ですか。
ぜい こ　　　きんがく

이 쿠폰 사용 가능한가요?

코노 쿠-퐁-와 츠까에마스까?
この クーポンは 使えますか。
　　　　　　　　　　つか

(카드로 결제할 경우)
일시불로 해 주세요.

익-까츠바라이니 시떼 쿠다사이.
一括払いに して ください。
いっかつばら

선물용으로 포장해 주세요.

푸레젠-또요-니 츠쯘-데 쿠다사이.
プレゼント用に 包んで ください。
　　　　　　よう　　つつ

(시장에서)
좀 깎아 주면 안 될까요?

춋-또 마께떼 모라에마셍-까?
ちょっと まけて もらえませんか。

교환 및 환불하기

반품하려고 하는데요.

🎧 MP3-57

쇼핑을 마친 후, 숙소에 돌아오면 구매한 상품에 하자는 없는지 꼼꼼히 살펴보자. 이때 상품에 흠집이나 얼룩을 발견할 수도 있고, 전자제품의 경우에는 제대로 작동이 안 될 수도 있다. 이럴 경우 교환이나 환불을 해야 하는데, 한국과 마찬가지로 영수증이 필요하다. 계산 시 영수증을 꼭 받아 두고, 교환이나 환불하러 갈 때는 반드시 영수증을 지참하자.

핵심 표현

헴-삔-시따인-데스가.

返品したいんですが。
へんぴん

TIP

전자제품 구입 시 체크할 사항

일본에서 전자제품을 구입하는 경우 프리볼트(후리-보루또 **フリーボルト**)인지 확인할 것. 우리나라의 표준 전압은 220V이지만 일본의 표준 전압은 110V이기 때문이다. 요즘 전자제품은 전 세계 어디서나 사용 가능하도록 대부분 프리볼트로 출시되지만, 일본 내수용 제품은 110V 전용으로 나오기도 한다. 또한 제품에 문제가 발생하더라도 국내에서 A/S를 받을 수 있는지도 고려해 구입하는 것이 좋다. 품질 보증서와 영수증은 무상A/S 기간을 기산할 때 기준이 되므로 잊지 말고 챙겨 두자.

여행 가서 바로 쓰는 문장

다른 사이즈로 바꿔 주세요.
사이즈오 카에떼 호시인-데스가.
サイズを かえて ほしいんですが。

다른 상품으로 교환하고 싶은데요.
호까노 쇼-힌-또 코-깐-시따인-데스가.
ほかの 商品と 交換したいんですが。
　　　しょうひん　こうかん

무슨 문제가 있나요?
이까가 나사이마시따까?
いかが なさいましたか。

고장 난 것 같아요.
코와레떼 이루 미따이난-데스가.
壊れて いる みたいなんですが。
こわ

언제 구입하셨습니까?
이쯔 오모또메니 나리마시따까?
いつ お求めに なりましたか。
　　　　もと

영수증 가져오셨어요?
레시-또와 오모찌데스까?
レシートは お持ちですか。
　　　　　　も

＊ 일본 슈퍼마켓에서는 뭘 살까? ＊

전 세계 어느 나라로 여행을 가던 그 나라의 슈퍼마켓에 가 보면 현지 특유의 식료품이나 생필품을 만나 볼 수 있는데, 시간적인 여유가 있다면 귀국 전에 숙소 근처에 있는 슈퍼마켓에 들러 가족들과 친구들에게 줄 여행 선물을 장만해 보자.

- **오챠즈케(お茶漬け)**

  밥 위에 올려 뜨거운 물을 붓기만 하면 오챠즈케가 완성된다. 오챠즈케는 말 그대로 녹차에 밥을 말아 먹는 음식인데, 일본에서는 아침 대용이나 야식, 해장 음식 등으로 즐겨 먹는다. 나가타니엔(永谷園)의 오챠즈케가 유명하다.

- **후리카케(ふりかけ)**

  따뜻한 밥 위에 솔솔 뿌려 먹으면 맛있는 양념 가루. 저렴한 가격에 다양한 종류의 후리카케가 있으므로 기호에 따라 골라 보자.

- **명란 스파게티(たらこパスタ)**

  삶은 스파게티 면과 섞어 주면 완성되는 독특한 맛의 파스타 소스.

- **토스트 스프레드(トーストスプレッド)**

  빵에 발라 굽거나 구운 빵에 얹어 먹는 토스트 소스. 다양한 종류가 있는데 마늘 바게트를 간편하게 만들 수 있는 갈릭(ガーリック) 토스트 스프레드가 인기다.

- **일본 한정판 킷캣(日本限定KitKat)**

    초콜릿 과자 킷캣(kitkat)은 일본에서만 판매되는 한정판이 유명하다.

    일본 여행 시 사야 할 필수 구매품으로 꼽히는 킷캣 녹차맛(KitKat 抹茶)을 비롯해 킷캣 벚꽃 인절미맛(KitKat 桜きなこ), 일본 전통술 니혼슈의 은은한 향이 가미된 니혼슈 맛 킷캣(KitKat 日本酒) 등이 있다.

    일본에서는 킷캣(KitKat)의 일본식 발음인 '킷-토캇-토'가 '반드시 이긴다'라는 의미와 통해 킷캣의 인기는 남다르다.

- **호로요이(ほろよい)**

    소주에 탄산과 과즙을 넣어 만든 저알콜 음료. 딸기, 복숭아, 포도 등 다양한 맛이 출시되고 있다.

- **카키노타네(柿の種)**

    맥주 안주로 인기가 많은 감 씨 모양의 과자. 고소하면서도 짭조름한 맛이 술 안주로 딱이다. 호불호는 갈리지만 와사비맛도 고추냉이 특유의 코끝을 톡 쏘는 맛이 일품이다.

이 밖에도 봄 한정(春限定), 관서 한정(関西限定) 등 일본에는 계절 한정이나 지역 한정과 같이 그때, 그곳에서만 구할 수 있는 아이템들로 가득해 여행 선물로 좋다.
슈퍼마켓 외에 드러그스토어도 일본 여행에서 꼭 들러 쇼핑 리스트를 채울 장소이다.

Part 10

긴급 상황에서

분실 및 도난 사고 당했을 때
아프거나 다쳤을 때
교통사고 났을 때
일본 프랜차이즈 커피 & 차(茶) 전문점

분실 및 도난 사고 당했을 때

가방을 도둑맞았어요.

🎧 MP3-58

여행 중 소지품을 잃어버린 경우 당황하지 말고 침착하게 대처하자. 만일 여권을 잃어버린 경우 곧장 파출소에 분실 신고를 한 뒤 재외공관에서 여행증명서를 발급받는다(아래 절차 참조). 여권 분실에 대비해 여권 복사본과 여권용 사진을 준비해 두면 좋다. 신용카드를 분실한 경우에는 즉시 카드회사에 신고하고 카드 사용을 정지시킨다. 여행자 보험에 가입했다면 귀중품을 도난당했을 때 부분적으로 보상을 받을 수 있는데, 일본 경찰서에서 도난증명서를 발급받아야 한다.

핵심 표현

카방-오 누스마레마시따.

カバンを 盗まれました。
ぬす

TIP

여권을 분실했을 때

여권 분실 시 곧바로 주 일본 한국 대사관(여권 관련 문의:(81-3)3455-2601~3)이나 영사관에 전화해서 상황을 설명하고 수속을 밟아야 한다. 그리고 여권 도용을 방지하기 위해, 지체없이 가까운 파출소에 여권 분실 사실을 신고하도록 하자.

❶ 가까운 파출소(혹은 경찰서)를 찾아가 여권 분실 신고.
❷ 해당 파출소에서 여권 분실증명확인서를 발급/수령.
❸ 분실증명확인서를 가지고 주 일본 주재 한국 대사관 또는 영사관에서 여행증명서(임시여권) 발급 신청.
  → 구비서류 : 여권 발급 신청서, 신분증, 여권용 사진 2매, 여권분실신고서, 귀국항공권(E-ticket), 일본 경찰 기관에서 발행한 여권 분실증명확인서, 수수료

  ※주 일본 대한민국 대사관 jpn-tokyo.mofa.go.kr 사이트에서 구비서류에 대해 볼 수 있으며, 여권 발급 신청서도 미리 다운로드 받을 수 있다.

여행 가서 바로 쓰는 문장

가방 안에 현금, 여권이 들어 있어요.

카반-니와 겡-낀-또 파스뽀-또가 하잇-떼 이마시따.
カバンには、現金と パスポートが 入って いました。

핸드폰을 잃어버렸어요.

케-따이오 나꾸시떼 시마이마시따.
携帯を なくして しまいました。

어디에서 잃어버리셨나요?

도꼬데 나꾸시마시따까?
どこで なくしましたか。

어디에서 잃어버렸는지 모르겠어요.

도꼬데 나꾸시따까 와까리마셍-.
どこで なくしたか わかりません。

여기 신고서를 작성해 주세요.

코찌라니 고끼뉴-오 오네가이시마스.
こちらに ご記入を お願いします。

찾으면 바로 연락 주세요.

미쯔깟-따라 스구 렌-라꾸시떼 쿠다사이.
見つかったら すぐ 連絡して ください。

아프거나 다쳤을 때

배탈 났어요.

🎧 MP3-59

해외 여행 시 말이 안 통해 증상에 맞는 약을 구하기가 어려울 수 있으니 상비약은 챙길 것. 평소 복용하는 약이 있으면 꼭 챙기고, 소화제, 설사약, 진통제, 반창고 등도 준비해 가는 게 좋다. 만일 상비약을 준비하지 못했는데 가벼운 감기에 걸렸거나 배탈이 났을 때는 병원에 가지 않아도 약국이나 드러그스토어에서 대개 해결할 수 있으므로 아래 핵심 표현을 사용해 말해 보자.

핵심 표현

오나까오 코와시마시따.
お腹を こわしました。
なか

병원 이용하기

일본에서 병원을 이용할 때는 영어가 통하는 병원을 이용하거나 한국인 의사가 있는 병원을 찾는 것이 좋다. 수술을 해야 하거나 긴급한 상황이라면 전문통역사의 도움을 받아 종합병원을 찾는 것이 바람직하다.

❶ 접수처(受付우께츠께)에서 진료기록카드 기입 후, 접수 ※접수찰 매 여전 필요
❷ 접수 시 진료 과목과 진찰할 의사 선택
❸ 순서가 호명되면 진료 받기
❹ 진료비 수납 및 처방전(処方箋쇼호-셍-) 받기
❺ 원외 처방전은 우리나라와 마찬가지로 시중의 약국에 처방전을 제출하고 약을 받는다. 처방전 접수(処方箋受付쇼호-셍우께츠께)', '보험조제(保険調剤호켄쵸우자이)' 등의 표시가 있는 약국이라면 어디든 OK.

여행 가서 바로 쓰는 문장

어디가 어떻게 아프세요?	도- 사레마시따까? どう されましたか。
설사를 해요.	게리오 시떼 이마스. げりを して います。
여기가 아파요.	코꼬가 이따이데스. ここが 痛いです。
체했는지 속이 거북해요.	이가 모따레떼 이루 요-난-데스가. 胃が もたれて いる ようなんですが。
하루에 몇 번 먹어요?	이찌니찌 난-까이 노마나께레바 나리마셍-까? 1日 何回 飲まなければ なりませんか。
하루에 세 번, 식후에 한 알씩 드세요.	이찌니찌 상-까이 쇼꾸고니 이찌죠-즈쯔 논-데 쿠다사이. 1日3回、食後に 1錠ずつ 飲んで ください。

교통사고 났을 때
구급차 좀 빨리 불러 주세요!

해외에서 큰 사고가 발생하면 즉시 구급차를 불러 병원으로 가야 하나, 정도가 아주 심하지 않은 경우에는 먼저 경찰서에 신고하는 것이 좋다. 만일의 상황에 대비해 여행 전 보험에 가입해 두는 것도 좋은 방법이다.

핵심 표현

하야꾸 큐−큐−샤오 욘−데 쿠다사이.

はやく 救急車を 呼んで ください。
きゅうきゅうしゃ　　　　よ

TIP

일본 내 긴급 연락처
- 경찰 신고 : 110
- 교통사고 신고 : 110
- 구급차 : 119
- 화재 신고 : 119
- 전화번호 문의 : 104
- 주 일본 대한민국 대사관 : 문의 03-3452-7611/9
  긴급 연락처(휴일) 03-6400-0736

여행 가서 바로 쓰는 문장

사람 살려!

타스께떼!
助けて！
たす

경찰 좀 불러 주세요!

케-사쯔오 욘-데 쿠다사이.
警察を 呼んで ください。
けいさつ　　よ

교통사고가 났어요.

코-쯔-지꼬데스.
交通事故です。
こうつう じ こ

친구가 다쳤어요.

토모다찌가 케가오 시마시따.
友達が けがを しました。
ともだち

차에 치였어요.

쿠루마니 히까레딴-데스.
車に ひかれたんです。
くるま

못 움직이겠어요.

우고께마셍-.
動けません。
うご

CULTURE OF JAPAN

일본 프랜차이즈 커피 & 차(茶) 전문점

일본은 녹차는 물론 커피와 홍차 문화도 발달했다. 여행을 하다 차 한 잔의 여유를 즐기고 싶을 때. 이왕이면 일본 현지에서 만날 수 있는 커피숍이나 차 전문점을 찾아가 보자.

● **도토루**(DOUTOR)

탄탄한 인기를 유지하고 있는 일본의 토종 커피 체인. 어디를 가도 볼 수 있을 정도로 점포가 많다. 샌드위치와 음료가 나오는 모닝 세트는 저렴하면서도 아침의 한끼 식사로 부족함이 없어 인기 메뉴 중 하나다.

● **고메다 커피점**(コメダ珈琲店)

1968년 나고야에서 시작한 인기 커피 체인. 아침 11시 이전에 커피, 홍차 등 음료를 주문하면 무료로 토스트와 삶은 달걀을 제공한다.

● **나나즈 그린티**(nana's green tea)

말차(抹茶)&녹차 카페 체인. 말차라떼(抹茶ラテ), 말차파르페(抹茶パフェ), 말차시폰케이크(抹茶シフォンケーキ) 등 말차를 사용한 각종 음료와 디저트 메뉴를 즐길 수 있는 곳으로, 간단한 식사 메뉴도 제공된다.

● **애프터눈 티 티룸(Afternoon Tea TEAROOM)**

일본의 유명한 홍차 체인. 다양한 종류의 홍차와 스콘 등의 디저트를 즐길 수 있다. 3가지 디저트와 홍차를 제공하는 애프터눈 티 세트가 인기다.

● **루피시아(LUPICIA)**

일본을 대표하는 홍차 브랜드로 가향 홍차는 세계적으로 유명하다. 전국 곳곳에 있는 오프라인 매장에서 직접 향을 맡아 보거나 시음도 가능하다. 특히 도쿄 지유가오카(自由が丘) 본점은 2층에 티룸이 있어 루피시아를 대표하는 인기 홍차를 비롯해 본점에서만 맛볼 수 있는 차 등 다양한 종류의 차를 즐길 수 있다. 홍차를 즐기는 여행자라면 이곳을 방문해 보는 것도 추천.

● **오차라카(おちゃらか)**

도쿄 니혼바시(日本橋)의 핫플레이스인 전통과 현대가 어우러진 쇼핑몰 코레도무로마치(COREDO室町)에 위치한 일본차 전문점이다. 외국인 소믈리에가 문을 연 곳으로 녹차에 과일, 꽃, 쑥, 다시마 등 각종 향을 첨가한 오리지널 가향 녹차(綠茶フレーバー)를 개발해 제공하고 있다. 매장에서 직접 향을 맡아볼 수 있고 시음도 가능하다.

Part 11

귀국할 때

항공권 예약하기
항공권 예약 변경하기
탑승 수속하기(체크인)
탑승 지연 및 비행기를 놓쳤을 때
일본 프랜차이즈 음식점

항공권 예약하기
비행기 표를 예약하려고 하는데요.

🎧 MP3-61

외국으로 여행을 갈 때는 일반적으로 왕복항공권을 사서 가게 되는데, 간혹 장기간 여행을 갈 때 편도를 끊거나 돌아오는 항공편은 오픈(OPEN) 티켓으로 가는 경우가 있다. 오픈 티켓은 출국하기 2주일 전에 날짜를 결정해 해당 항공사에 출국일을 예약해야 하는데, 항공사나 여행사에 전화를 걸거나 직접 방문하여 아래 핵심 표현으로 자신감 있게 예약을 진행해 보자.

핵심 표현

히꼬-끼오 요야꾸시따인-데스가.

飛行機を 予約したいんですが。
ひこうき　　よやく

TIP

비행기 표 구입 시 주의 사항

비행기 표를 구입할 때 영문 이름을 사용하는데, 여권상의 영문 표기와 동일해야 한다. 간혹 이 사실을 공항에 도착해 발견한 손님과 항공사 직원들이 다투는 모습을 종종 목격할 수 있다. 이름이 잘못 기재되었거나 여권번호가 틀린 경우에는 출국할 수 없을 수도 있으므로 주의하자.

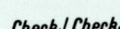

Check! Check!
- ☑ 항공권 영문 이름 표기와 본인 여권의 표기가 같은지 확인하기!
- ☐ 여권번호를 맞게 썼는지 다시 한번 확인하기!
- ☐ 출발 날짜와 비행기 편명도 미리 확인해 두자.

여행 가서 바로 쓰는 문장

비행기 표 예약하시겠습니까?
고요야꾸데스까?
ご予約ですか。

한국 인천으로 가는 비행기 표를 예약하려고 하는데요.
인-쵼-유끼노 히코-끼오 요야꾸시따인-데스가.
仁川行きの 飛行機を 予約したいんですが。

언제 출발하는 표를 원하시나요?
고슛-빠쯔와 이쯔니 나사이마스까?
ご出発は いつに なさいますか。

다음 주 수요일에 출발하는 편도 표요.
라이슈-노 스이요-비노 히코-끼오 카따미찌데 오네가이시마스.
来週の 水曜日の 飛行機を、片道で お願いします。

수요일에는 좌석이 없네요.
스이요-비와 만-세끼난-데스가.
水曜日は 満席なんですが。

대기자 명단에 올려 주실 수 있나요?
캰-세루마찌와 데끼마스까?
キャンセル待ちは できますか。

항공권 예약 변경하기
항공편을 변경하고 싶어요.

🎧 MP3-62

여행을 할 때 대부분은 돌아오는 표를 예약하고 가지만, 갑자기 일이 생기거나 혹은 좀 더 머물고 싶어 비행기 표 예약을 변경해야 하는 경우가 있다. 한국에서 여행사를 통해 예약하고 발권을 한 경우에는 그 여행사의 한국 전화번호나 해당 국가의 지점으로 연락하면 된다. 항공사에서 직접 예약하고 발권한 경우에는 해당 국가에 있는 항공사 서비스센터(예약센터)에 연락하여 예약을 변경할 수 있다. 단, 구매한 항공권에 따라 변경이 불가능하기도 하며, 변경 시 추가 요금을 지불해야 할 경우도 있다.

핵심 표현

후라이또오 헹-꼬-시따인-데스가.
フライトを 変更したいんですが。
へんこう

TIP

일본에 있는 우리나라 항공사 서비스센터 연락처

국적 항공사는 일본 내 어느 지역에서나 동일한 번호로 연락 가능한 서비스센터가 있는데, 일본어 외에 영어, 한국어 서비스도 제공되므로 긴장하지 말고 편하게 전화를 걸면 된다.

- 대한항공 0088-21-2001 또는 06-6264-3311
- 아시아나항공 0570-082-555

여행 가서 바로 쓰는 문장

어떻게 바꾸시겠습니까?	도노 빈-니 고헨-꼬-나사이마스까? どの 便に ご変更なさいますか。	

하루 늦게 출발하고 싶어요.
슛-빠쯔비오 이찌니찌 오꾸라세따인-데스가.
出発日を 一日 遅らせたいんですが。

출발일을 바꾸고 싶어요.
슛-빠쯔비오 헨-꼬-시따인-데스가.
出発日を 変更したいんですが。

먼저 알아보겠습니다.
타다이마 고카꾸닝-이따시마스.
ただ今 ご確認いたします。

예약을 취소하고 싶은데요.
요야꾸오 캰-세루시따인-데스가.
予約を キャンセルしたいんですが。

예약을 취소하면 수수료를 내야 하나요?
캰-세루스루 바-이와 테스-료-가 카까리마스까?
キャンセルする 場合は、手数料が かかりますか。

탑승 수속하기 (체크인)

이 물건들을 비행기에 가지고 탈 수 있나요? 🎧MP3-63

요즘은 전 세계 모든 공항이 그렇겠지만, 여행객이 소지하는 짐과 물품에 대한 규정이 매우 엄격하고 까다롭다. 가장 좋은 방법은 관련 자료를 통해 공항 수하물 규정을 사전에 익히고 규정에 어긋나지 않도록 짐을 잘 정리하여 공항으로 이동하는 것이다. 간혹 이런 규정을 잘 몰라 탑승 수속이 지연되거나 낭패를 보기 쉽다. 참고로 비행기 탑승 전까지 어떤 일이 발생할지 모르니 공항에는 출발 최소 2시간 전에 미리 도착해 두는 것이 좋다.

핵심 표현

코노 니모츠와 히꼬-끼니 모찌코메마스까?

この 荷物は 飛行機に 持ち込めますか。
にもつ　　ひこうき　　　も こ

TIP

나리타국제공항 수하물 규정

❶ 무료 기내 휴대 수하물 : 부피 20×40×55cm, 전체 무게 10kg을 초과할 수 없음(각 항공사 규정이 다소 차이가 나므로 항공권상의 안내 참조)
❷ 무료 위탁 수하물 : 일반석 23kg(유아 10kg), 프레스티지석 32kg, 일등석 32kg (항공사마다 규정 다름)
❸ 수하물 무게 초과 요금 : kg당 일반석은 7달러(7000원 전후) (항공사마다 규정 다름)

※일본 공항에서 출국 절차

이용할 항공사가 있는 터미널에 내린다.

공항 도착 → **항공사 탑승 수속** → **보안 검색** → **출국 심사** → **탑승구 도착, 탑승 대기**

항공권과 여권, 입국 시 작성한 출국 카드를 보여 준다.

→ **비행기 탑승**

여행 가서 바로 쓰는 문장

일행이 있으신가요?	오츠레사마와 이랏-샤이마스까? お連れ様は いらっしゃいますか。	

좌석은 통로 쪽으로 주세요.
츠-로가와노 세끼오 오네가이시마스.
通路側の 席を お願いします。

짐은 몇 개 부칠 수 있나요?
테니모쯔와 이꾸쯔 아즈께루 코또가 데끼마스까?
手荷物は いくつ 預ける ことが できますか。

여기에 짐을 올려 주세요.
코찌라니 니모쯔오 오노세이따다께마스까?
こちらに 荷物を お載せいただけますか。

깨지는 물건은 없으신가요?
코와레모노와 고자이마셍-까?
壊れ物は ございませんか。

3kg 중량 초과입니다.
상-키로 오-바-시떼 이마스.
3キロオーバーしています。

탑승 지연 및 비행기를 놓쳤을 때

도대체 언제 탑승을 시작하나요?

🎧 MP3-64

일본의 연휴 기간이나 휴가철 등 사람들이 공항에 많이 몰리는 시기에는 항공관제, 몇몇 승객의 미 탑승 등 다양한 이유로 탑승과 이륙이 지연되는 경우가 자주 발생한다. 또한, 기상 악화로 인해 비행기 자체가 결항되거나 출발 시간을 착각해 비행기를 놓치는 사람도 의외로 많다. 이럴 경우에는 대체 항공편을 빠르게 찾아야 하며, 원래 구매했던 항공권의 카운터에 문의한다. 표가 없을 경우에는 다른 항공권 예매 사이트를 통해 다시 비행기표를 예매하는 방법이 있다.

핵심 표현

잇-따이 이츠니낫-따라 토-죠-데끼룬-데스까?
いったい、いつになったら 搭乗できるんですか。
とうじょう

TIP

단어로 보는 항공편 지연 및 결항

공항에서는 자주 안내 방송이 나오는데, 아래 단어를 미리 알고 가면 항공편 지연 방송인지 또는 결항에 대한 내용인지 추측할 수 있다.

- 기계 고장 　키자이노 코쇼-　機材の故障 (きざい こしょう)
- 결항 　　　켓-꼬-　　　　欠航 (けっこう)
- 대체 항공편 　후리카에빙-　　振り替え便 (ふ か びん)
- 기상 악화 　텡-꼬-후료-　　天候不良 (てんこう ふ りょう)
- 지연되다 　오꾸레루　　　遅れる (おく)
- 대합실 　　마찌아이시쯔　待合室 (まちあいしつ)

출발 지연 안내 방송 예시

10時30分発729便は天候不良のため出発が遅れております。 新しい出発時刻は21時25分を予定しております。どうぞご了承ください。
(はつ びん てんこう ふ りょう しゅっぱつ おく) (あたら しゅっぱつ じこく) (よ てい) (りょうしょう)

↳ 기상 악화로 출발이 지연되었음을 알 수 있다.

여행 가서 바로 쓰는 문장

비행기가 왜 아직 이륙을 안 하는 거죠?	도-시떼 리리꾸 시나인-데스까? どうして 離陸 しないんですか。 りりく
현재 항공관제탑의 이륙 허가를 기다리는 중입니다.	겐-자이 칸-세-토-까라노 리리꾸쿄까오 맛-떼오리마스. 現在、管制塔からの 離陸許可を 待って げんざい　かんせいとう　　　　りりくきょか　　　ま おります。
비행기를 놓쳤는데요.	히꼬-끼니 노리오꾸레떼 시맛-딴-데스가. 飛行機に 乗り遅れて しまったんですが。 ひこうき　　の　おく
다음 편에 자리가 있나요?	츠기노 빈-니 세끼가 아리마스까? 次の 便に 席が ありますか。 つぎ　びん　せき
대기자 명단에 올려 드릴까요?	캰-세루마찌니 나리마스가 요로시이데쇼-까? キャンセル待ちに なりますが、よろしい ま でしょうか。
공항 내에 호텔이 있습니까?	쿠-코-나이니 호테루와 아리마스까? 空港内に ホテルは ありますか。 くうこうない

일본 프랜차이즈 음식점

일본에서 입맛이 안 맞을 경우, 우리에게 익숙한 맥도날드, KFC 등의 패스트푸드점도 가 볼 수 있지만, 일본 토종 유명 프랜차이즈 음식점을 이용해 보는 것도 재미있는 경험이 될 것이다.

● **스시잔마이**(すしざんまい)

연중무휴로 24시간 영업하는 일본 초밥 체인점. 다른 체인점에 비해 가격대는 약간 높은 편이지만, 재료의 선도나 가격 대비 품질이 상당히 좋다. 이곳은 참치 초밥이 만족도가 높다.

● **오봉데고항**(おぼんdeごはん)

카페 스타일의 일본 가정식 백반 체인점. 메인 요리, 밥, 반찬, 국으로 구성된 균형잡힌 한끼 식사를 제공한다. 메인 요리는 20가지 이상의 메뉴 중에서, 밥은 백미밥과 흑미밥, 잡곡밥 중에서 골라 먹는다. 다양한 디저트도 맛볼 수 있어 여성들에게 인기가 많다.

● **라멘 이치란**(ラーメン一蘭)

돼지 사골 육수를 우려내 국물 맛을 내는 돈코츠 라멘 맛집 중 하나로 전국에 체인을 두고 있다. 매콤한 비법 소스가 돈코츠 국물의 느끼한 맛을 잡아 준다. 자판기에서 식권을 구입한 후 자리에 앉아 나라별 언어로 제공되는 주문표에 국물의 농도와 면발의 상태, 마늘의 양 등을 기호에 맞춰 표기하면 된다. 먹는 데만 집중할 수 있도록 좌석마다 칸막이를 설치해 독서실 라멘집으로도 불린다.

● **하나마루 우동**(はなまるうどん)

탱탱한 면발이 살아 있는 사누키 우동(讃岐うどん) 체인점. 규동 체인점 요시노야(吉野家)에서 만든 전국 체인으로 쇠고기 우동(규-니꾸 우동 牛肉うどん)을 비롯해 다양한 우동을 저렴한 가격에 맛볼 수 있다. 튀김(템-뿌라 天ぷら) 등 사이드 메뉴도 풍부해 골라 먹는 재미가 있다. 주문은 셀프 서비스. 사이드 메뉴는 직접 고르면 되고 우동은 사진 메뉴판이 있으니 주문이 어렵지는 않다.

Part 12

기본 표현

인사하기
자기소개 하기
숫자 및 날짜
일본 화폐 및 시간

기본 표현 인사하기

MP3-65

오하요-고자이마스.
おはようございます。
안녕하세요.(아침 인사)

콘-니찌와.
こんにちは。
안녕하세요.(낮 인사)

콤-방-와.
こんばんは。
안녕하세요(저녁 인사)

미나상-, 콘-니찌와.
みなさん、こんにちは。
여러분, 안녕하세요!

이이 텡-끼데스네.
いい 天気ですね。
　　てんき
날씨가 좋군요.

아츠이데스네.
暑いですね。
あつ
덥군요.

사무이데스네.
寒いですね。
さむ
춥군요.

도-조.
どうぞ。
어서 드세요.

이따다끼마스.
いただきます。
잘 먹겠습니다.

고찌소-사마데시따.
ごちそうさまでした。
잘 먹었습니다.

오겡-끼데스까?
お元気ですか。
げんき
어떻게 지내요?

하이 오카게사마데.
はい、おかげさまで。

네, 덕택에요.

마-마-데스.
まあまあです。

그럭저럭 지내요.

(도-모) 아리가또- 고자이마스.
(どうも)ありがとうございます。

(정말) 감사합니다.

이-에, 도-이따시마시떼.
いいえ、どういたしまして。

아니요, 천만에요.

(도-모) 스미마셍-.
(どうも) すみません。

(대단히) 죄송합니다.

이-에, 다이죠-부데스.
いいえ、大丈夫です。
だいじょうぶ

아니요, 괜찮습니다.

기본 표현

자기소개 하기

🎧 MP3-66

하지메마시떼.
はじめまして。
처음 뵙겠습니다.

오아이데끼떼 우레시-데스.
お会いできて うれしいです。
만나서 반갑습니다.

(와따시와) ~또 모-시마스.
(私は) ~と 申します。
(저는) ~(이)라고 합니다.

도-조 요로시꾸 오네가이시마스.
どうぞ よろしく お願いします。
잘 부탁 드립니다.

오시고또와 난-데스까?
お仕事は 何ですか。
하시는 일은 무엇입니까?

(저는) ▮ 입니다.
(와따시와) ~ 데스
(私は) ▮ です。

각-세-
学生
がくせい
학생

카이샤잉-
会社員
かいしゃいん
회사원

셍-교-슈후
専業主婦
せんぎょうしゅふ
가정주부

쿄-시
教師
きょうし
교사

코-무잉-
公務員
こうむいん
공무원

심-붕-키샤
新聞記者
しんぶんきしゃ
신문기자

츄-고꾸노 카따데스까?
中国の 方ですか。
ちゅうごく　かた

중국 분이세요?

도찌라까라 이랏-샷-딴-데스까?
**どちらから
いらっしゃったんですか。**

어디에서 오셨어요?

이-에. 캉-꼬꾸진-데스.
いいえ。韓国人です。
かんこくじん

아니요. 한국인입니다.

캉-꼬꾸까라 키마시따.
韓国から 来ました。
かんこく　　き

한국에서 왔어요.

캉-꼬꾸
韓国
かん こく

한국

츄-고꾸
中国
ちゅう ごく

중국

아메리카
アメリカ

미국

이기리스
イギリス

영국

소우루
ソウル

서울

페킹-
北京
ペ キン

베이징

와신-통-
ワシントン

워싱턴

론-동-
ロンドン

런던

Part 12 기본 표현

기본 표현  숫자 및 날짜 🎧 MP3-67

● 숫자 읽기

1 이치 一	2 니 二	3 상- 三	4 시/용- 四	5 고 五	6 로꾸 六
7 시치/나나 七	8 하치 八	9 큐-/쿠 九	10 쥬- 十	11 쥬-이치 十一	12 쥬-니 十二
13 쥬-상- 十三	14 쥬-용- 十四	15 쥬-고 十五	16 쥬-로꾸 十六	17 쥬-시치 十七	18 쥬-하치 十八
19 쥬-큐- 十九	20 니쥬- 二十	30 산-쥬- 三十	40 욘-쥬- 四十	50 고쥬- 五十	60 로꾸쥬- 六十

70	80	90	100	1000
나나쥬-	하치쥬-	큐-쥬-	햐꾸	셍-
七十	八十	九十	百	千

● 달력 읽기

にちようび 日曜日 니찌요-비	げつようび 月曜日 게쯔요-비	かようび 火曜日 카요-비	すいようび 水曜日 스이요-비	もくようび 木曜日 모꾸요-비	きんようび 金曜日 킹-요-비	どようび 土曜日 도요-비
1日 ついたち 츠이따찌	2日 ふつか 후쯔까	3日 みっか 믹-까	4日 よっか 욕-까	5日 いつか 이쯔까	6日 むいか 무이까	7日 なのか 나노까
8日 ようか 요-까	9日 ここのか 코코노까	10日 とおか 토-까	11日 じゅう いちにち 쥬-이찌니찌	12日 じゅう ににち 쥬-니니찌	13日 じゅう さんにち 쥬-산-니찌	14日 じゅう よっか 쥬-욕-까
15日 じゅう ごにち 쥬-고니찌	16日 じゅう ろくにち 쥬-로꾸니찌	17日 じゅう しちにち 쥬-시찌니찌	18日 じゅう はちにち 쥬-하찌니찌	19日 じゅう くにち 쥬-쿠니찌	20日 はつか 하쯔까	21日 にじゅう いちにち 니쥬-이찌니찌
22日 にじゅう ににち 니쥬-니니찌	23日 にじゅう さんにち 니쥬-산-니찌	24日 にじゅう よっか 니쥬-욕-까	25日 にじゅう ごにち 니쥬-고니찌	26日 にじゅう ろくにち 니쥬-로꾸니찌	27日 にじゅう しちにち 니쥬-시찌니찌	28日 にじゅう はちにち 니쥬-하찌니찌
29日 にじゅう くにち 니쥬-쿠니찌	30日 さんじゅう にち 산-쥬-니찌	31日 さんじゅう いちにち 산-쥬-이찌니찌				

Part 12 기초 표현

일본 화폐 및 시간

기본 표현

🎧 MP3-68

● 일본 엔화(円)

이찌망-엥-	고셍-엥-	니셍-엥-	셍-엥-
一万円	五千円	二千円	千円
10,000엔	5,000엔	2,000엔	1000엔

고햐꾸엥-	햐꾸엥-	고쥬-엥-	쥬-엥-
五百円	百円	五十円	十円
500엔	100엔	50엔	10엔

고엥-	이치엥-
五円	一円
5엔	1엔

> 일본의 통화 단위는 엔(円)이며, 천 엔, 2천 엔, 5천 엔, 만 엔 지폐와 1엔, 5엔, 10엔, 50엔, 100엔, 500엔 동전이 있다.

→ 2천 엔권은 2000년에 오키나와에서 열린 G8 정상회담을 기념하여 한정적으로 발행한 것으로, ATM이나 각종 자동판매기에서 사용할 수 없는 등 쓰임새가 적어 유통이 저조하다.

→ 일본에서는 물건을 구매할 때 소비세가 붙기 때문에 1엔, 5엔, 10엔짜리 동전도 실생활에서 사용 빈도가 높은 화폐다.

고줍-뿅-	고쥬-고훙-	로꾸줍-뿅-	고훙-	줍-뿅-
五十分	五十五分	六十分	五分	十分
50분	55분	60분	5분	10분

쥬-이치지 　 쥬-니지 　 이치지
十一時 　 十二時 　 一時
11시 　 12시 　 1시

쥬-지 　 　 　 니지
十時 　 　 　 二時
10시 　 　 　 2시

욘-쥬-고훙- 　 쿠지 　 　 　 산-지 　 쥬-고훙-
四十五分 　 九時 　 　 　 三時 　 十五分
45분 　 9시 　 　 　 3시 　 15분

하치지 　 　 　 　 　 요지
八時 　 　 　 　 　 四時
8시 　 　 　 　 　 4시

　 　 시치지 　 로꾸지 　 고지
　 　 七時 　 六時 　 五時
　 　 7시 　 6시 　 5시

욘-줍-뿅-	산-쥬-고훙-	산-줍-뿅-	니쥬-고훙-	니줍-뿅-
四十分	三十五分	三十分	二十五分	二十分
40분	35분	30분	25분	20분

Part 12 기본 표현

성우 아빠의 프라이드 (위크북)

최신 영상 자주 보기
동영상 자주 보기
이 생각 자주 하기
후대폰 돌아붙이기

휴대폰 로밍하기

01 통신사 해외 로밍

요즘은 별도의 해외 로밍 신청 없이도 자동으로 로밍이 가능한데, 불가능한 휴대폰도 있을 수 있으므로 통신사에 전화해 물어보는 것이 안전하다. 또한, 통신사마다 다양한 로밍 상품을 판매하므로 자신이 사용하는 통신사 고객센터로 전화하거나 홈페이지에 들어가 확인하면 된다. 로밍 신청은 출발하는 당일 공항의 로밍 센터에서도 역시 가능하다.

자동 로밍이 되지 않길 원하면 통신사에 미리 신청해 차단하거나 휴대폰에서 '데이터로밍 차단 설정'을 하면 된다.

통신사	로밍 전문 고객센터 전화번호
SK	02-6343-9000
KT	1588-0608
LG유플러스	02-3416-7010

02 일본 선불 유심카드

유심 카드를 구매해 사용하는 방법도 있다. 한국에서 인터넷을 통해 미리 구입할 수 있고, 일본에서 공항이나 시내의 휴대폰 대리점에 가서도 구매 가능하다. 대표 통신사로는 'NTT도코모(NTTdocomo)'와 '소프트뱅크(SoftBank)'가 있다. 체류 기간 및 데이터 용량에 따라 다양한 가격대의 상품이 있으므로, 자신에게 맞는 조건을 골라 이용이 가능하다.

03 포켓 와이파이

해외 여행을 갈 경우에 제일 많이 이용하는 방법 중 하나이다. 여러 명이 함께 여행가서 인터넷을 사용할 때 특히 편리하다.

여행 예산 정리하기

숙소
합계:

교통
합계:

식비
합계:

기타
합계:

Memo

여행 준비물 체크 리스트

• 필수품물	Check!
ex) 여권, 항공권, 돈 등	
• 의류 필수품	
ex) 겉옷, 속옷, 비상약 등	
• 여가 위한 기타	
ex) 캠핑, 운동복, 선글라스 등	
• 야행 용품	
ex) 지도여행, 가이드북 등	

★ 가지고 가면 좋을 것들!

① 미니손전등 : 숙소에서, 지나다니며, 위험으로 때는 가지고 있지 않으면 좋다.
② 자물쇠 : 다른용품, 캐리어 가방의 잠금을 해제할 수 있으므로 숙소에서 사용 가능하므로 가지고 가면 좋을 것이다.
③ 휴대 열 플러그 : 공용콘센트에서 플러그가 맞지 않을 경우가 있고, 장기간 여행시 멀티플러그를 하나 가지고 있으면 때문에 가지고 있기 좋다.

8

※ 해외여행 시 수하물로 부칠 수 없으므로 꼭 기내에까지 휴대하여야 한다.

□ 현금 미리 환전소에서 환전해 가는 게 가장 좋고 안전하다.	**□ 필기구** 문서 서류를 작성할 때 필요하다 가나 메모를 할 때 생각이 잘 정돈하는 것이 좋다.	**□ 포켓 가방** 여권이나 귀중품, 휴지 등 수시로 넣고 다니기에 좋다.
□ 여권 만료일 여권의 만료 시간 기간 만료일로, 여권 만료일이 3개월 이상 남아 있어야 한다.	**□ 휴대용 배터리** 휴대폰 배터리를 충전하거나 노트북 등 중요한 용이하다.	**□ 충전기** 휴대폰 충전이나 노트북 등 이동식으로 필요하다.
□ 여권 출국할 시 반드시 필요한 것으로 출국하기 전에 다시 한 번 확인하자.	**□ E-ticket** 사진 이름이 없어 분실 우려 없고 e-ticket으로 편리하게 출력해 출국하는 경우 많으므로 챙기자.	**□ 사진** 만일의 사태를 대비해 여분 사진, 증명사진, 호텔 예약 시 등 요긴하다.

휴대 짐싸기 체크 리스트

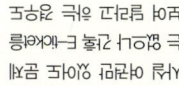

긴급 알림차
당국 신고자 장상병
문자 함께 미디어7l
임무에서 원군으로 전환하는 당부
성공 표험 20

긴급 연락처

일본 내 주요 긴급 전화번호

- 범죄 및 교통 사고 신고 : 110
- 구급 센터 및 화재 신고 : 119
- 전화번호 문의 : 104
- 일기 예보 : 177

주 일본 대한민국 대사관

- 근무 시간 : 03-3452-7611/9
- 근무 시간 외 : 03-6400-0736

카드 분실 신고 전화번호

- KB국민카드 : +82-2-6300-7300
- 하나카드 : +82-1800-1111
- 우리카드 : +82-2-6958-9000
- 신한카드 : +82-1544-7000
- 롯데카드 : +82-2-1588-8300
- 삼성카드 : +82-2-2000-8100

※ 카드 분실 신고는 전화, 홈페이지, 스마트폰 어플 등을 통해서 가능!

일본 내 항공사 서비스센터

- 대한항공 : 0088-21-2001 또는 06-6264-3311
- 아시아나항공 : 0570-082-555
- 일본항공(JAL) : 03-5489-1111
- 전일본항공(ANA) : 03-3272-1212

※ 일본 국가번호는 +81이다.

외국인 입국 기록 작성법

外国人入国記録 DISEMBARKATION CARD FOR FOREIGNER 외국인 입국기록

英語又は日本語で記入してください。 Enter information in either English or Japanese. 영어 또는 일본어로 기재해 주십시오.

[ARRIVAL]

氏　名 〈漢字〉 Name 이　름 (한자)	氏 한자 성 ①		名 한자 이름		
	Family Name 영문 성		Given Name 영문 이름		
国　籍 Nationality 국　적	②		生 年 月 日 Date of Birth 생년월일	③	
現 住 所 Home Address 현주소	国名 Country name 나라명 ④		都市名 City name 도시명	職業 Occupation 직업	⑤
旅 券 番 号 Passport Number 여권번호	⑥		航空機便名・船名 Last Flight No./ vessel 항공기 편명・선명	⑦	
渡 航 目 的 Purpose of visit 도항 목적	☐ 観光 Business 관광　　☐ 商用 Tourism 상용　　☐ 親族訪問 Visiting relatives 친척 방문 ☐ その他 Others 기타			⑧	⑨ 日本滞在予定期間 Intended Length of stay in Japan 일본 체재 예정 기간
日本の連絡先 Intended address in Japan 일본의 연락처	⑩			TEL 전화번호	

以上の記載内容は事実と相違ありません。 I hereby declare that the statement given above is true and accurate. 이상의 기재 내용은 사실과 틀림 없습니다.

署名 Signature 서명 _____   ⑪

① 여권과 동일하게 자신의 성을 적는다. (예 : 성이 '김'이라면 'KIM'을 쓴다)

② 여권과 동일하게 국적(Korea, 韓国)을 적는다.

③ 여권과 동일하게 생년월일을 적는다. 일, 월, 연도 순으로 적어야 한다.

④ 현재 살고 있는 곳의 국적과 도시를 적으면 된다. (예 : 나라명은 KOREA 또는 韓国, 도시명은 SEOUL 또는 ソウル)

⑤ 현재 직업을 적으면 된다.(예 : 会社員 회사원, 学生 학생)

⑥ 자신의 여권번호를 적으면 된다.

⑦ 항공편명/선박명/열차명 등을 적으면 된다. E 티켓 또는 탑승권에 적혀 있다.

⑧ 일본을 방문하는 목적에 체크 표시를 한다. 관광, 상용(비즈니스), 친인척 방문 등에 표시하고 그 외 목적이라면 '기타' 란에 적으면 된다.

⑨ 일본에 있을 기간을 적는다. 3박 4일 일정이라면 '4日'이라고 적는다.

⑩ 자신이 묵을 숙소 주소를 적으면 된다. 전화번호도 미리 알아 두었다가 적도록 하자.

⑪ 최종 확인 후 서명하면 된다.

일본 화폐 미리보기

엔(円)

1엔	5엔	10엔
一円	**五円**	**十円**
いちえん	ご えん	じゅうえん
이찌 엥-	고 엥-	쥬- 엥-

50엔	500엔	1000엔
五十円	**五百円**	**千円**
ご じゅうえん	ご ひゃくえん	せんえん
고쥬- 엥-	고햐꾸 엥-	셍- 엥-

2000엔	5000엔	10000엔
二千円	**五千円**	**一万円**
に せんえん	ご せんえん	いちまんえん
니셍- 엥-	고셍- 엥-	이찌망- 엥-

2천 엔권은 2000년 G8 정상회담 기념용으로 제작한 것으로, 일반적인 사용은 극히 제한적이다.

* 일본에서는 물건을 살 때 소비세가 붙기 때문에 1엔, 5엔, 10엔짜리 동전도 실생활에서 사용 빈도가 높다.

일본에서 한국으로 전화하는 방법

01 로밍 휴대폰 이용해 전화하기!

① 일반 전화로 걸 때

국가 번호(82) 누르고	⋯▶	지역 번호의 0을 뺀 상대방 전화번호 입력!

㉾ 서울(02)의 888-8888로 전화를 거는 방법은?

+82 - 2 - 888 - 8888

② 휴대폰으로 걸 때

국가 번호(82) 누르고	⋯▶	앞의 0을 뺀 상대방 전화번호 입력!

㉾ 010 - 8888 - 8888로 전화를 거는 방법은?

+82 - 10 - 8888 - 8888

※ 일본 현지에서 현지로 전화를 걸 때는 지역번호 또는 식별번호 누르고 → 상대방 전화번호 입력!

02 와이파이를 이용해 전화하기

내가 이용하는 휴대폰이 스마트폰이라면 다양한 어플을 사용해 전화하거나 메시지를 전송할 수 있다. 와이파이가 제공되는 장소에서 이용하면, 무료로 이용할 수 있고 유심칩을 구매했다면 장소에 제한을 받지 않고 연락을 주고 받을 수 있다. 추천 어플로는 카카오톡, 라인, 위챗이 있다.

생존 표현 20

고마워요.
Thank you.

아리가또-고자이마스.
ありがとうございます。

미안해요.
I'm sorry.

스미마셍-.
すみません。

~라고 합니다.
My name is ~.

○○○또 모-시마스.
○○○と もうします。

일본어를 못 해요.
I can't speak Japanese.

니홍-고와 하나세마셍-.
日本語は 話せません。
に ほん ご はな

못 알아 듣겠어요.
I don't understand.

이미가 요꾸 와까리마셍-.
意味が よく わかりません。
い み

다시 한번 말씀해 주세요.
Say it again please.

모-이찌도 오네가이시마스.
もういちど おねがいします。

저어, 실례합니다.
Excuse me.

아노-, 스미마셍-.
あのう、すみません。

화장실은 어디예요?
Where is the restroom?

토이레와 도꼬데스까?
トイレは どこですか。

지하철역은 어떻게 가요?
How can I get to
the subway station?

치까테츠노 에끼와 도- 잇따라 아-데스까?
地下鉄の駅は どう 行ったら
いいですか。

사진 좀 찍어 주세요.
Would you please
take my pictures?

샤싱-오 오네가이 데끼마스까?
写真を おねがい できますか。

17

생존 표현 20

이거 얼마예요?
How much is it?

코레, 이꾸라데스까?
これ、いくらですか。

할인해 주시겠어요?
Could you give me
a discount?

마께떼 모라에마셍–까?
まけて もらえませんか。

이걸로 할게요.
I'll take this one.

코레니 시마스.
これに します。

이제 괜찮아요(됐어요).
No, thanks.

켁–꼬–데스.
けっこうです。

좋아요.
Okay.

이– 데스네.
いいですね。

메뉴판 주세요.
Could you give me
the menu, please?

메뉴-오 오네가이 시마스.
メニューを おねがいします。

이거 주세요.
I'll have this, please.

코레, 쿠다사이.
これ、ください。

영수증 주세요.
Give me a receipt, please.

레시-또오 쿠다사이.
レシートを ください。

괜찮습니다.
That's okay.

다이죠-부데스.
だいじょうぶです。

그건 좀….
I'm afraid not.

소레와 춋-또….
それは ちょっと…。

발행 스케줄표(등일)

하단 스케줄표

그동

그래서 정보여진 것이

Mon	Tue	Wed	Thu

MONTH

목표
계획

Fri	Sat	Sun	Check

MONTH

Mon	Tue	Wed	Thu

요일
계획

Fri	Sat	Sun	Check

Day 01

날짜 　　　　　　　　　　　　　　 목차지

가는 방법
- ○
- ○
- ○
- ○
- ○

가서 해야 할 일
- ☐
- ☐
- ☐
- ☐
- ☐

가서 사야 할 것

가서 먹을 것

하루 스케줄

오전 　　　　하야 할 일

예산 한도

오후 　　　　하야 할 일

지출 내역

Day 02

날짜   인덱스

가는 방향   가서 해야 할 일

☐
☐
☐
☐
☐

가서 사야 할 것   가서 받을 것

Day 03

목표

독서시간

가는 일정 체크

가서 해야 할 일

가서 야야 할 것

가서 배울 것

하루 시계표

오전	해야 할 일

오후	해야 할 일

예상 할 일 | 지출 내역

Day 04

날짜　　　　　　　　　　　　　　　 목차지

가고 싶은 곳

-
-
-
-
-

가서 해야 할 일

- [ ]
- [ ]
- [ ]
- [ ]
- [ ]

가서 사야 할 것

-
-
-
-
-
-

가서 먹을 것

-
-
-
-
-
-

Day 05

목표   복지기

가사 사야 할 것

-
-
-
-
-
-

가사 먹을 것

-
-
-
-
-
-

가능 덜밤

-
-
-
-
-

가사 해야 할 일

- [ ]
- [ ]
- [ ]
- [ ]
- [ ]

하루 스케줄

오전
해야 할 일

오후
해야 할 일

예산 한도

지출 내역

Note

Note

이부 관련말

이부 별볼일

이부 변동

음운 이음

이부 요법

관변화법

국가

사업

이음

계화 요법